古典文獻研究輯刊

五 編

潘美月・杜潔祥 主編

第 3 冊

徐元太《喻林》研究

江育豪 著

國家圖書館出版品預行編目資料

徐元太《喻林》研究／江育豪著 — 初版 — 台北縣永和市：花
木蘭文化出版社，2007〔民96〕

目 2+158 面；19×26 公分（古典文獻研究輯刊 五編；第3冊）

ISBN：978-986-6831-45-4（全套精裝）
ISBN：978-986-6831-48-5（精裝）
1.（明）徐元太 2.傳記 3.類書 4.研究考訂
041.6 96017432

ISBN - 978-986-6831-48-5

9 789866 831485

古典文獻研究輯刊
五 編 第三冊 ISBN：978-986-6831-48-5

徐元太《喻林》研究

作　　者　江育豪
主　　編　潘美月　杜潔祥
企劃出版　北京大學文化資源研究中心
出　　版　花木蘭文化出版社
發 行 所　花木蘭文化出版社
發 行 人　高小娟
聯絡地址　台北縣永和市中正路五九五號七樓之三
　　　　　電話：02-2923-1455／傳眞：02-2923-1452
電子信箱　sut81518@ms59.hinet.net
初　　版　2007 年 9 月
定　　價　五編 30 冊（精裝）新台幣 46,500 元

徐元太《喻林》研究

江育豪　著

作者簡介

江育豪，雲林縣人，民國六十九年生。高中畢業後，負笈至外雙溪東吳大學就讀，畢業後旋即進入東吳大學中文研究所，師事丁教授原基，主要研究方向為文獻學、類書研究，曾參與丁師原基國科會專題研究「六十種類書研究書目」之編纂工作，研究著作有《徐元太《喻林》研究》、〈徐元太《喻林》及其相關問題初探〉（發表於國立台北大學人文學院《人文集刊》第四期）。興趣排球，球齡迄今近十年。於九十六年孟夏服役，本書出版時，作者尚在軍中。

提　　要

　　〈徐元太《喻林》研究〉旨在探討明代末葉大臣徐元太及其所編纂之《喻林》。《喻林》性質上是一部中國傳統的工具書——類書，內容上則專收典籍中運用譬喻修辭之句。本文除〈緒論〉及〈餘論〉外，共分四章，各章之旨，撮舉如下：

　　〈緒論〉首先對「研究動機」、「研究價值」與「前人研究成果」加以分析、陳述。

　　第一章〈徐元太生平及著述〉敘述其生平、家室、交遊、事蹟以及著述。徐元太為人耿介，任官清廉，在四川為官期間，軍功甚偉。其著述不論文學、史學，俱展現重視實用價值之特性。

　　第二章〈《喻林》成書之經過與板本論述〉係對《喻林》成書的原因進行探討，次則對各個板本及現代重要影印本加以介紹，考訂各個板本成書之先後順序，並比較各個板本間之異同。

　　第三章〈《喻林》之體制〉，本章著重於分析體例，對體例的源流、書中所採用的體例以及特殊形式均予以詳細介紹。

　　第四章〈《喻林》之特色及價值〉從分類編排、體例結構、其所採用之書籍目錄以及書中所徵引的文獻四方面，論其異於一般類書以及卓越之處。

　　論《喻林》一書，不能只側重其優點，〈餘論〉即是對《喻林》所存在的缺失進行檢討，並總結本文的成果，兼述未來研究上展望。

　　關鍵字：徐元太、喻林、類書、譬喻修辭

目

錄

緒 論

一、研究動機

類書之編纂，始於魏文帝時的《皇覽》，發展迄今，已近二千年，其間歷朝歷代，均不乏編纂類書，其中著名者如隋唐四大類書、宋四大書、明之《永樂大典》、清之《古今圖書集成》、《佩文韻府》、《駢字類編》等，淵源不可謂不久遠；然而，歷代文人使用類書者眾，談論類書者寡，唯恐見笑於士林，就類書之價值貢獻，實有不公。

類書的種類繁多，學者分類不一，鄧嗣禹分爲「類事門、典故門、博物門、典制門、姓名門、稗編門、同異門、鑑戒門、蒙求門、常識門」十門〔註1〕，是目前分類最詳細者；夏南強先生則區分爲「類事類書（又分綜合性和專門性）」、「類文類書」、「事文并舉類書（又分綜合性和專門性）」共三大類、五小類〔註2〕。分類雖有不同；然自編纂的方向區分，大致可分成綜合性和專門性兩類〔註3〕，綜合性的巨帙類書多是官修，除了實用價值之外，還或多或少摻入政治意圖，如敕纂的類書，通常以巨大的篇幅炫耀國力強盛，以正向的內容表示太平治世，以君臣忠義之事取

〔註1〕鄧嗣禹《燕京大學圖書館目錄初稿──類書之部》（台北：大立出版社，1982年）。
〔註2〕夏南強《類書通論──論類書的性質起源發展演變和影響》，華中師範大學歷史文化學院博士論文，2001年4月，頁25～27。
〔註3〕戚志芬先生將類書分成：「（1）匯編各種材料，山包海涵，綜合各類的一般類書──這是類書的正宗，也就是綜合性類書。（2）只輯一類的專門類書──這是類書的別體，也就是專門性類書。」見《中國的類書、政書和叢書》（北京：商務印書館，1996年12月），頁9。
劉葉秋先生亦概括分爲：「（1）彙編各種材料的一般類書，這是類書的正宗；（2）只輯一類內容的專門類書，此爲類書的別體。」見《類書簡說》（台北：萬卷樓圖書公司，民國82年（1993）1月），頁6。

得風行教化之效；至於專門性的類書，相對而言，私修的比例較高，且通常篇幅較小，成書動機也較單純，較少政治意圖，更具實用價值。

　　《喻林》是明代一部匯集譬喻修辭語句的類書，可說是一項創舉，如何令眾人利用該書更得心應手，以及說明《喻林》在類書編纂上的地位，是本文撰寫的重要動機。

二、研究價值

　　譬喻是為文及談話所常用的一項方式，其重要性已有多人闡明，例如《毛詩·大序》云：「故詩有六義焉，上以風化下，下以風刺上，主文而譎諫，言之者無罪，聞之者足以戒，故曰風。」鄭注：「風化，風刺，皆謂譬喻，不斥言也。」、荀子〈非相〉云：「談說之術，衿莊以蒞之，端誠以處之，堅疆以持之，譬稱以喻之，分別以明之。」、《淮南子·要略》云：「凡屬書者……言天地四時，而不引譬援類，則不知精微……知大略而不知譬喻，則無以推明事。」、《禮記·學記》云：「不學博依，不能安詩。」鄭注：「博依，廣譬喻也。」

　　先秦諸子不少人是運用譬喻的能手，如《十三經注疏》（漢）趙歧〈孟子題辭〉云：「孟子長於譬喻，辭不迫切，而意獨至。」、《文心雕龍·諸子》云：「韓非著博喻之富。」而戰國時期的舌辯之士，也長於運用寓言以達到遊說的效果，如劉知幾《史通·外篇雜說下》云：「戰國之時，遊說之士，寓言設理，以相比興。」

　　最早對「譬喻」下定義者，當屬《墨子》一書，〈小取〉篇云：「辟（譬）也者，舉也（他）物而以明之也。」而單就「譬喻」修辭的研究成果，南朝劉勰著《文心雕龍》，是中國文學批評史上的一部重要著作，在此書之中，有〈比興〉一篇，「比」其實就是「譬喻」，劉勰除了說明「比興」的意義及異同之外，尚舉數例，以說明「比」之內容、沿革及原則，其云：

　　　夫比之為義，取類不常，或喻於聲，或方於貌，或擬於心，或譬於事。宋玉〈高唐〉云：「纖條悲鳴，聲似竽籟。」此比聲之類也；枚乘〈菟園〉云：「焱焱紛紛，若塵埃之間白雲。」此比貌之類也；賈生〈鵩鳥〉云：「禍之與福，何異糾纆。」此以物比理者也；王褒〈洞簫〉云：「優柔溫潤，如慈父之畜子也。」此以心比聲者也；馬融〈長笛〉云：「繁縟絡繹，范蔡之說也。」此以辯比響者也；張衡〈南都〉云：「起鄭舞，繭曳緒。」此以物比容者也。若斯之類，辭賦所先，日用乎比，月忘乎興，習小而棄大，所以文謝於周人也。至於揚、班之倫，曹、劉以下，圖狀山川，影寫雲物，莫不織綜比義，以敷其華，驚聽回視，資此效績。又安仁〈螢賦〉

云：「流金在沙」，季鷹〈雜詩〉云：「青條若總翠」，皆其義者也。故比類雖繁，以切至爲貴，若刻鵠類鶩，則無所取焉。〔註4〕

　　宋代陳騤撰成中國第一部修辭學專著——《文則》，將「譬喻」分爲十類，分別是：「直喻、隱喻、類喻、詰喻、對喻、博喻、簡喻、詳喻、引喻以及虛喻。」對譬喻的研究，又向前邁進一步。

　　時至今日，陳望道《修辭學發凡》成書，爲現代修辭學樹立一道里程碑，其後有關修辭學的著作更如雨後春筍。此後，對於譬喻的研究，大致朝三方面發展，其一是針對「譬喻」修辭格本身的分類，進行研究，蔡師宗陽《修辭學探微·論譬喻的分類》分別就結構的形式和義蘊的內容進行分析，共分十大類，四十五種。（案：書中自言四十五類；然筆者細數僅四十三類，疑爲一時筆誤）；其二是以專書或專題爲本，進行譬喻的探討，如蔡素華《《圍城》譬喻修辭探究》、盧韻琴《東坡詩譬喻修辭研究》；其三則是譬喻擴大到認知及語意的部分，不僅在華語地區，西方世界在這方面的研究亦相當盛行，如雷可夫 George Lakoff &詹森 Mark Johnson 所著之《Metaphors We Live By》〔註5〕。

　　《喻林》是第一部專門匯集譬喻的類書，在其後有數部仿作或節本，成爲一系列「喻林系」的類書。近年也有蒐集譬喻的工具書，如薛夢得編《中外比喻詞典》、《文學比較大典》以及四川辭書出版社所出版之《漢語比喻大辭典》。

　　雖然《喻林》乃集譬喻之句而成書；但不宜僅自「修辭」的角度視之，首先，《喻林》未嘗討論「修辭格」的分類，而是從內容加以區分，其次《喻林·郭子章序》云：

　　　　議道匪喻弗瑩，議事匪喻弗聽。……豈能舍譬而悟理，捐象而明道乎？……故夫立言者必喻，而後其言至，知言者必喻，喻而後其理徹。〔註6〕

　　其認爲以「譬喻」爲手段，以「明理」爲目標，因此，更應該從「寓喻於用」的角度觀察，以獲得更全面、更深刻的認識。透過本文之研究，可以知編者徐元太對《喻林》自有一番用心，並對成書經過、板本、體例、特色及價值有較爲全面的認識。

〔註4〕劉勰原著，王師更生注譯《文心雕龍讀本》（台北：文史哲出版社，民國88年（1999）9月），下篇，頁146。

〔註5〕《Metaphors We Live By》中文譯名《我們賴以生存的譬喻》，周世箴譯注。（台北：聯經出版事業公司，2006年3月）。

〔註6〕《喻林·郭子章序》（臺北：新興書局，1972年1月）影印萬曆四十三年刊本，頁3～5。

三、前人研究成果

中國歷代對於類書，多只注意其工具書的性質與用途，少有深入的探討。近世學者對類書雖有投入較多的研究；但明顯集中在唐、宋四大類書、《永樂大典》以及《古今圖書集成》，其餘類書的研究，所佔比例不高。

關於《喻林》一書，當代學者以魯迅最早注意此書，其於《痴華鬘》〔註7〕題記中云：

> 嘗聞天竺寓言之富，如大林深泉，他國文藝，往往蒙其影響。即翻為華言之佛經中，亦隨在可見，明徐元太輯《喻林》，頗加搜錄，然卷帙繁重，不易得之。〔註8〕

魯迅於該題記末署「中華民國十五年五月十二日」，最初印入王品青校點的《痴華鬘》一書，並於同年由北新書局出版；然而，自魯迅之後，迄今尚未有對《喻林》全面探討的專書，目前只有日人佐藤一好所撰之〈徐元太の生涯と喻林〉〔註9〕與〈四庫全書總目提要の喻林評價〉〔註10〕兩篇文章，對《喻林》進行較為廣泛的研究；拙著〈徐元太《喻林》及其相關問題初探〉〔註11〕對編者、成書動機、板本、特色等方面，進行普遍性的論述；其他如伍立楊〈讀《喻林》〉〔註12〕、彭邦炯《百川匯海——古代類書與叢書》〔註13〕，則以介紹《喻林》為重心；洪湛侯《中國文獻學要籍解題》〔註14〕對《喻林》所作之解題，則多採《四庫全書總目》及《曝書雜記》之說。

〔註7〕《痴華鬘》即《百喻經》，又名《百句譬喻經》，乃因經末有「尊者僧伽斯那造作《痴華鬘》竟」之語，是以得名。

〔註8〕魯迅《集外集》（臺北：風雲時代出版公司，民國79年（1990）3月），頁135。

〔註9〕佐藤一好〈徐元太の生涯と《喻林》〉，《學大國文》，期36，1993年2月，頁79～102。

〔註10〕佐藤一好〈《四庫全書總目提要》の《喻林》評價〉，《中國研究集刊》，期12（辰號），1993年4月，頁73～87。

〔註11〕拙著〈徐元太《喻林》及其相關問題初探〉，收錄於國立臺北大學人文學院《人文集刊》，第四期，2006年4月，頁53～71。

〔註12〕伍立楊〈讀《喻林》〉，收錄於《瞭望》新聞周刊，1999年，第16期，頁35。「中國期刊網」有收錄此文。

〔註13〕彭邦炯《百川匯海——古代類書與叢書》（臺北：萬卷樓圖書公司，民國90（2001）年4月），頁128～129。

〔註14〕洪湛侯《中國文獻學要籍解題》（杭州：杭州大學出版社，1997年11月），頁225～226。

第一章　徐元太生平及著述

　　編者徐元太〔註1〕（1536～1617〔註2〕），字汝賢，號華陽、華陽子〔註3〕、華陽山人〔註4〕、華陽主人〔註5〕，宣城（今安徽宣城縣）人，嘉靖乙丑（四十四年，1565）進士〔註6〕，初知江山縣，復知魏縣，拜銓曹主政，轉員外郎，遷吏部主事、

〔註1〕　或作「徐元泰」，如《千頃堂書目》記云：「徐元泰《喻林》一百二十卷。」（台北：廣文書局）影印《適園叢書》本，收於《書目叢編》，卷15，頁1107。《明史·藝文志》承之亦同；（清）劉於義等監修，沈青崖等編纂《陝西通志·卷五十·名宦二·節鎮下》條云：「按節鎮當國家重寄，非宏才碩望，莫膺（案：文津閣本作「應」）斯任。其賢者各具專傳，次則勳庸未著，亦詳其姓氏，而爵里亦附見焉。……徐元泰，宣城人……」（台北：臺灣商務印書館）影印文淵閣四庫全書，第554冊，頁188。另外丁仁《八千卷樓書目·卷十三·子部·類書類》記作：「《喻林》一百二十卷，明徐元大撰。」（台北：廣文書局）

　　　　案：「徐元大」當是「徐元太」形近之誤。根據《喻林》中的徐元太序，自署「徐元太」，故當以「徐元太」稱之。

〔註2〕　生年據《素雯齋集·徐大司寇偕劉淑人七十序》所記載，云：「……其誕降之辰，公以丙申涂月」，爲嘉靖15年（1536）。案：涂月是十二月，考中央研究院兩千年中西曆轉換系統 http://www.sinica.edu.tw/-tdbproj/sinocal/luso.html，丙申年閏十二月，對照西曆，從1536年12月13日跨至1537年2月9日，意即徐元太可能生於1537年；然此易造成時間混淆，故仍云1536，以利時間對照。（明）吳伯與《素雯齋集》卷10，頁13，明天啓刊本。

　　　　卒年不詳；然據明·過庭訓《本朝分省人物考·卷三十八·南直隸寧國府·徐元太》條云：「……（徐元太）享年八十有二而卒……」，據此推算，徐元太當是卒於明萬曆丁巳（45年，1617）。

〔註3〕　據故宮博物院藏（明）五十卷本所抄錄之編者「華陽子輯」字樣而來，然未詳此爲徐元太自署，抑或係對徐氏之尊稱。

〔註4〕　據八十卷本徐元太自序，其自署「宣城華陽山人徐元太識」。

〔註5〕　據一百二十卷本徐元太自序文末所刻之印記。

〔註6〕　據朱保炯、謝沛霖編《明清進士題名碑錄索引》記載，徐元太中第三甲第七十一名。（上海：上海古籍出版社，1979年10月），頁951。

陝西按察史、都察院右都御史、戶、兵兩部左侍郎、四川巡撫，以軍功陞兵部右侍郎，累遷順天府府尹，官至南京刑部尚書。享壽八十有二，卒後歸葬宣城縣東十里華谷村。《明史》無獨立之傳，散見於〈李應祥傳〉。

第一節　家世交遊

壹、家　世

一、父　祖

徐知證

徐元太之遠祖，字義明，南唐時封爲魏王，據《宣城縣志》的記載：「大徐後村華谷土山長岡東直街，皆其裔也。」〔註7〕其墓在宣城縣之城南二十里，「舊有碑亭，乃裔孫徐元太孫記，後燬。康熙戊中（案：疑戊午，康熙十七年，1678）徐氏子姓（孫）重立。」〔註8〕

徐　亨

徐元太之六世祖，生卒、事蹟不詳。據《寧國府志》之中「以子巖贈奉政大夫戶部郎中。」〔註9〕的記載，可知徐亨在宣德（案：明宣宗年號）年間，因其子徐巖之關係，獲朝廷贈封。

徐　巖

徐元太之五世祖，生卒不詳。根據《本朝分省人物考》的記載，云：「巖，性剛直，有清操。累督關、陝、徐州軍儲，著聲績。」〔註10〕官至戶部郎中。徐家世居宣城大徐村，至巖方徙居於土山之華谷。

徐　惠

高祖徐惠，生卒不詳。仕途方面，父因子貴，由於其子徐說嘗封爲靖江王，而得於正德（案：明武宗年號）中贈爲南京通政。〔註11〕

〔註7〕　（清）吳飛九、楊廷棟等修纂《宣城縣志》，卷 29（台北：成文出版社）影印乾隆四年刊本，收錄於《中國方志叢書》652 號，頁 1542。

〔註8〕　同前注。

〔註9〕　（清）宋斆、錢人麟等纂修《寧國府志》，卷 19（台北：成文出版社）影印乾隆十八年刊本，收錄於《中國方志叢書》693 號，頁 1626。

〔註10〕　（明）過庭訓《本朝分省人物考・卷三十八・南直隸寧國府》「徐說」條，收錄於《明代傳記叢刊》（台北：明文書局，1991 年），132 冊，頁 471。

〔註11〕　詳（清）宋斆、錢人麟等纂修《寧國府志》，卷 19（台北：成文出版社）影印乾隆

徐　說

曾祖徐說，字以中，《寧國府志》記載云：

> 說，登成化（案：明憲宗年號）戊戌（14 年，1478）進士，授禮部
> 主事，歷擢南京右通政。謙抑端謹，雖秩列閒司，亦能修舉故典，隨事盡
> 職，嘗持節，冊封靖江王，資賻甚厚，一無所取，致仕歸務，以忠信先鄉
> 里。年八十餘卒，其齒德爲一時冠云。〔註12〕

卒後葬於「城東十里土山渡五山橋」。〔註13〕

徐　訪

祖父徐訪，土山人（案：亦在宣城縣），生卒不詳，娶何氏。在萬曆年間，以其
二孫元氣與元太之故，而得封贈，據《寧國府志》記載：「以孫元氣贈通奉大夫，以
孫元太贈通議大夫、都察院副都御史。」〔註14〕後人對其之評價，俱爲正向，例如
《寧國府志》云：「（徐訪）有懿行，以耆德稱於鄉。」〔註15〕

徐　衢

父徐衢，字亨之〔註16〕（1492～1570），號瀾溪，官浮梁主簿。考《寧國府志》，
載云：「徐衢，訪之子，由冑監仕浮梁縣簿，有清操。隆慶中以子元氣封承德郎，加
贈通奉大夫；萬曆中以子元太贈通議大夫、都察院副都御史。」〔註17〕且於身故之
後，追封刑部郎中。由是得知徐衢與其父徐訪，皆因元氣、元太兄弟之故，而得以
受封。娶劉氏，贈安人，劉氏於元太中進士，初知江山縣時卒，時在嘉靖四十五年。
共有子男八人，女二人。歸葬寅池鎮南二十里斗山橋。

二、兄　弟

據申時行所撰〈封刑部郎中徐公墓誌銘〉的記載，言徐衢有子男八人，女二人；

　　　十八年刊本，收錄於《中國方志叢書》693 號，頁 1627。

〔註12〕（明）陳俊等修、沈懋學等纂《寧國府志》，卷 17（台北：成文出版社）影印萬曆
　　　五年（1577）刊本，收錄於《中國方志叢書》691 號，頁 1653。

〔註13〕（清）吳飛九、楊廷棟等修纂《宣城縣志》，卷 29（台北：成文出版社）影印乾隆
　　　四年（1739）刊本，收錄於《中國方志叢書》652 號，頁 1546。

〔註14〕（清）宋斅、錢人麟等纂修《寧國府志》，卷 19（台北：成文出版社）影印乾隆十
　　　八年（1753）刊本，收錄於《中國方志叢書》693 號，頁 1629。

〔註15〕（清）莊泰弘等纂修《寧國府志》，卷20（台北：成文出版社影印康熙十二年（1673）
　　　刊本，收錄於《中國方志叢書》692 號），頁 1656。

〔註16〕據申時行〈封刑部郎中徐公墓誌銘〉，收錄於《賜閒堂集》卷31，頁 23，明萬曆丙
　　　辰（1616）申氏家刊本。《明人傳記資料索引》作「徐享之」，疑是形近之誤。

〔註17〕（清）莊泰弘等纂修《寧國府志》，卷 20（台北：成文出版社）影印康熙十二年（1673）
　　　刊本，收錄於《中國方志叢書》692 號，頁 1656。

然細數只見七人姓名，不知是一時遺漏，抑或申時行誤記。（案：墓誌銘寫作態度上理應較莊重，誤記的可能性較低，疑是申時行漏記。）茲臚列於下：「長元策，舉嘉靖丁酉（十六年，1537）鄉試，蚤卒，娶趙；次元氣，即成都君，壬戌（1562）進士，娶張，封安人；次元期，府學生，娶鍾；次元某，縣學生，娶麻；次元選，娶王；次元太，即吏部君，乙丑（四十三年，1565）進士，娶劉；次元則，國子生，娶梅。」〔註18〕

元太雖有兄弟多人，然多沒沒無聞，唯兄徐元氣有較豐富之事蹟可考，茲述如下：

兄徐元氣，字汝和，嘉靖壬戌（四十一年，1562）進士〔註19〕，歷官河南右參政、雲南按察使、一東布政司左布政使、南京光祿寺卿、南京通政使。〔註20〕享壽八十有一。其著作今可考知者有《周易詳解》十卷。〔註21〕為官期間，勤政愛民，頗受愛戴。其較重要的施政有：

明察斷訟

《本朝分省人物考》載云：「……出守興化，甫至，立剖十餘年劇訟，復太平。」又「為董植調劇成都，辨無辜死獄四十八人。」〔註22〕前者是案件纏訟十年，一直懸而未解，到徐元氣上任後，才加以斷清；後者是重新審理案件，將原本被誤判死刑定讞的四十八人，加以開釋。

平亂靖邊

徐元氣輾轉任職雲南，而不久適逢當地生變，《本朝分省人物考》載云：「轉轄滇南，會土官岳鳳兵亂，定計撫勦，遂得蕩平。運糧極邊，不避艱阻。」〔註23〕是記載其經營雲南南部，勘平亂事之功。

〔註18〕 申時行〈封刑部郎中徐公墓誌銘〉，收錄於《賜閒堂集》卷31，頁25，明萬曆丙辰（1616）申氏家刊本。

〔註19〕 據朱保炯、謝沛霖編《明清進士題名碑錄索引》記載，徐元氣中第二甲第二十名。（上海：上海古籍出版社，1979年10月），頁951。

〔註20〕 徐元氣所歷任之官職，據《明實錄類纂‧職官任免卷》（武漢：武漢出版社）1995年7月。「萬曆十年二月，升河南右參政徐元氣為雲南按察使。」頁1151。「萬曆十七年五月，山東布政司左布政使徐元氣為南京光祿寺卿。」「萬曆十七年十一月，升南京光祿寺卿徐元氣為南京通政使。」頁608。

〔註21〕 （清）黃虞稷《千頃堂書目‧經部‧易類》（台北：廣文書局）影印《適園叢書》本，收錄於《書目叢編》，卷1，頁23。

〔註22〕 （明）過庭訓《本朝分省人物考‧卷三十八‧南直隸寧國府》「徐元氣」條，收錄於《明代傳記叢刊》（台北：明文書局，1991年），132冊，頁487。

〔註23〕 同前注。（明）過庭訓《本朝分省人物考‧卷三十八‧南直隸寧國府》「徐元氣」條，收錄於《明代傳記叢刊》（台北：明文書局，1991年），132冊，頁487。

調攝民生

徐元氣為官，不屑營營苟苟，而是力圖實踐「民為貴」的道理，許多措施均以平民百姓為出發，如「築灌縣石堰，以垂永利。」〔註24〕使蓄洩有度，以防旱澇，令農事得以穩定發展；「東國薦饑，具糜給穀，全活無算。」〔註25〕在發生饑荒時，極力救災，發放糧食，使無數百姓得以活命；徐元氣所實行的政策，有時甚至開罪既得利益者，元氣仍是義無反顧，在所不惜，例如「齊魯風習，凡係鄉紳，即各郡邑，亦給優免，而窮民糧稅日增。公下令編例，止於本縣，他不許混竄。」〔註26〕則是說明原本山東一帶，只要是鄉紳身分，不論地籍，都享有賦稅上的禮遇，傳統的政策無疑是劫貧濟富，結果造成一般平民百姓負擔加重，貧富差距增大，徐元氣為了防止情況加劇，下令只限本地的鄉紳才享有禮遇，其餘的取消禮遇，藉此以減輕平民的負擔。

由於任內的措施，往往有無數的平民百姓受益，得其霑溉，所以當徐元氣過世時，民眾紛表追思，「里中執紼（案：繫棺之大繩）襄事者，幾萬人焉。」〔註27〕縱使記載有所誇大，亦足見民眾對徐元氣感念之深。

附篤慶、日隆

徐篤慶，元氣子，據《寧國府志》記載：「徐篤慶，監生，以子日隆贈文林郎、景寧縣知縣。」〔註28〕

徐日隆，字從道，篤慶子，其生平仕宦及建樹，據《寧國府志》記載，云：「崇正六年歲貢，善屬文，工書法。司訓青浦，擢知景寧縣。故多盜，無城，自鬻產築城，復改建學宮……陞山東沂州，未任卒。」〔註29〕能夠「鬻產築城」，足以為地方官吏之表率，其愛民之深，蓋有元氣遺風。

三、家　室

關於徐元太的感情生活，目前可以考知者有劉、梅兩位夫人，惜文獻之不足，無法直接反映出夫妻之間相處的情形，茲只能就旁人所撰之文章，勾勒出伉儷相處的概況。

〔註24〕同前注。

〔註25〕同前注。

〔註26〕同前注。頁487～488。

〔註27〕同前注。頁488。

〔註28〕（清）宋敏、錢人麟等纂修《寧國府志》，卷19。（台北：成文出版社）影印乾隆十八年（1679）刊本，收錄於《中國方志叢書》693號，頁1634。

〔註29〕同前注，頁1771。

（一）劉夫人〔1537～1605之後〕

元配劉夫人，年紀約小徐元太一歲〔註30〕，且二人得以偕老，爲時人所稱羨。當徐元太七旬之壽時，諸友人爲序，與之祝壽，如（明）繆國維〈大司寇華翁徐先生暨元配劉夫人七袠序〉、吳伯與〈徐大司寇偕劉淑人七十序〉、〈大司寇徐公七十序〉，且甚推崇劉夫人之德，如繆國維序云：

> 維帝錫命爰及，任子敘績，推恩纍纍，儲襲金緋，而劉夫人以雞鳴靜好之德，白首相莊。今海內艷華翁之勳名，則必推婦順之默助，占胤胄之家聲，則必推母儀之聖善，嘉媵嗣之駿起，則必推小星之順度。舉世所謂吉詳善事，翁與劉夫人饒備之。〔註31〕

從「以雞鳴靜好之德，白首相莊」推測，徐元太和劉夫人之間的相處，應是相敬如賓。而將徐元太的成就、徐家名聲歸功於劉夫人，由是推測劉夫人操持家務頗善，而使徐元太得以致力於公，毋需分心家中瑣事。

（二）梅夫人

吳伯與及繆國維的祝壽序以及方志之中，皆未提及梅夫人，可知梅夫人的地位與聲望，遠遠不及劉夫人，其因除了是側室之外，疑徐元太諸子是劉夫人所出，而母以子貴之故。可以考知徐元太有側室梅夫人的證據有二：其一是梅鼎祚〈大司寇華陽徐公六秩壽序〉云：「……余兩姓世相締昏（婚）姻，同籍舉凡三世，翁仍其一也。」〔註32〕可知徐元太與梅家有締結婚姻之誼；其二，如果徐元太只有一位夫人，則外人稱「夫人」即可知是正室，而繆國維〈大司寇華翁徐先生暨元配劉夫人七袠序〉還強調「元配」，可推知「夫人」蓋不只一位，而強調劉夫人「元配」的地位。

四、子 嗣〔註33〕

（一）臣 慶

萬曆壬午鄉薦，工詩，早卒，有《白龍草》。

〔註30〕 〈徐大司寇偕劉淑人七十序〉云：「我司寇公稱七十，其誕降之辰，公以丙申涂月，淑人以丁酉涂月。」丁酉即嘉靖16年（1537）。吳伯與《素雯齋集》卷10，頁13，明天啓刊本。

〔註31〕 （明）繆國維《繆西垣先生文集》卷3，頁2（清）康熙二十四年（1685）繆彤刊本。

〔註32〕 梅鼎祚《鹿裘石室集》卷11。《續修四庫全書》影印（明）天啓三年（1623）玄白堂刻本，頁255。

〔註33〕 關於徐元太子嗣的生平仕宦，此據（清）宋斅、錢人麟等纂修《寧國府志》，卷20（台北：成文出版社）影印乾隆十八年刊本，收錄於《中國方志叢書》693號，頁1706。

（二）廷　慶

受到官至南京刑部尚書之父所廕，可授官爵。由於其兄臣慶早卒，而由廷慶遞補，然而，廷慶未及出仕而卒。

（三）之　慶

由於臣慶、廷慶兩位兄長早歿，故由之慶補授仕，官至刑部郎中。

或許是因為徐元太的長子和次子早卒，所以在其晚年重刻《喻林》時，協助徐元太進行校對者，皆由猶子（案：姪兒）充任，分別是徐胥慶，字無猜（校）、徐衍慶，字伯蕃（閱）、徐昭慶，字穆如（閱）以及徐朋慶，字壽如（閱）。

徐元太之家族世系，茲以下表圖示：

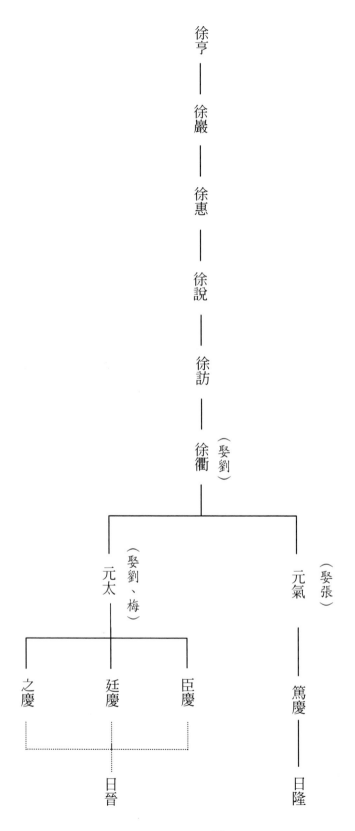

貳、交　遊

一、郭子章

　　郭子章（1542～1618），字相奎，號青螺，又自號蠔衣生。泰和人（今江西泰和縣），隆慶辛未（五年，1571）進士，官至兵部尚書，年七十七。

　　根據《喻林·郭子章序》所言：「子章事公蜀中三載……」可知萬曆十四年至十六年，徐元太巡撫四川，正值對西南用兵之際，郭子章與之同在四川，應該有相當程度的互動。

　　郭子章著作頗豐，茲以《千頃堂書目》〔註34〕所載為主，以《明史·藝文志》為輔，如有異同，以案語補充之。著作如下：

《蠔衣生易解》十五卷

《詩傳書例》四帙（案：《明史》作「四卷」）

《聖門人物志》十二卷

《童蒙初告》六卷

《聖旨日記》五卷

《黔中止榷記》一卷

《西南三征記》一卷

《黔中平播始末》三卷

《郡縣釋名》十六卷

《古今郡國名類》三卷

《豫章大記》一百六十卷

《豫章古今記》（案：《明史》作《註豫章古今記》）一卷

《豫章雜記》八卷

《廣豫章災祥記》六卷

《吉（安府）志補》二十卷

《潮中雜記》十二卷

《四賢潮語》四卷

《黔記》（《貴州通志》萬曆甲寅著）六十卷

《黔小志》一卷

《阿育王山志》（萬曆壬子修）十卷

〔註34〕茲參照兩板本：一·（清）黃虞稷《千頃堂書目》（台北：廣文書局）影印《適園叢書》本，收錄於《書目叢編》；二·（清）黃虞稷撰，瞿鳳起、潘景鄭整理《千頃堂書目》（附索引，高震川、韓振剛編）（上海：上海古籍出版社，2001年7月）。

《官釋》十卷

《泉史》十二卷

《劍記》一卷

《馬記》一卷

《撫黔公移》四卷

《興國縣四賢傳》一卷

《蟭衣生書目》二卷

《諺語》七卷

《謠語》七卷

《讖語》六卷

《譏語》二卷

《諧語》七卷

《隱語》二卷

《讖（瀸）論》四卷

《疾慧編》二卷

《枝幹釋》七卷（案：《明史》作「五卷」）

《校定天玉經七注》七卷

《黔類》十八卷

《牛禁集》五卷

《老子解》二卷

《閩草》十六卷

《留草》十卷

《蜀草》七卷

《浙草》十六卷

《晉草》十九卷

《楚草》十二卷

《閩藩草》九卷

《家草》七卷

《黔草》二十一集

《養草》一卷

《苦草》六卷

《傳草》二十四卷（案：《明史》有《粵草》，不見於《千頃堂書目》，且《明史》

著錄云：『《粵草》、《蜀草》、《楚草》、《閩草》、《浙草》、《晉草》、《留草》五
十五卷』）

《郭中丞撫黔奏疏》十六卷

《豫章詩話》六卷

《續豫章詩話》十二卷

由以上觀之，多部著作皆以貴州為重心，乃與其巡撫黔地多年密切相關。萬曆
二十七年（1599）播州宣慰司楊應龍叛，原貴州巡撫江東之令都司楊國柱率軍三千
討之，應龍佯敗，誘楊國柱軍而殲之，國柱等盡死。神宗怒而罷江東之，以郭子章
代。此亂由李化龍統合諸路軍，於次年平定，子章此役之軍功尚未十分彰顯，而數
年之後，黔地亂事又起，則由郭子章負責，遣兵將平定之，《明史》記載云：

> 萬曆三十四年，貴州土司新添衛地區亂事起，貴州巡撫郭子章討平貴
> 州苗，斬獲苗長吳老喬、阿倫、阿皆等十二人，招降男婦甚眾。先是東西
> 二路苗，名曰仲家者，盤踞貴龍、平新之間，為諸苗渠帥，在水硍山，介
> 於銅仁、思石者，曰山苗，紅苗之羽翼也。窺黔自平播後，財力殫竭，有
> 輕漢心，經年剽掠無虛日。子章奏討之，命相機進兵，子章乃命總兵陳璘、
> 參政洪澄源率官軍五千，益以土兵五千，攻水硍山，監軍布政趙健率宣慰
> 土兵萬人，使遊擊劉岳等督之，及兩路會師，皆九十餘日而克，二寇既平，
> 專命總兵陳璘率漢土兵五千移營新添，進攻東路苗，不一月復克其六箐，
> 諸苗盡平。〔註35〕

二、梅鼎祚

梅鼎祚（1549～1618），字禹金，守德子，宣城人，年七十。梅、徐二姓有秦晉
之好，梅鼎祚〈大司寇華陽徐公六秩壽序〉云：「余兩姓世相締昏姻，同籍舉凡三世，
翁仍其一也。」有〈大司寇華陽徐公六秩壽序〉兩篇。著述頗豐，考《千頃堂書目》
及《宣城縣志‧載籍》〔註36〕，其著作有：

《皇霸文紀》十三卷

《西漢文紀》二十卷

《東漢文紀》二十卷（案：《宣城縣志》合《西漢文紀》、《東漢文紀》為《兩漢
文紀》）

〔註35〕《明史‧貴州土司‧新添傳》（台北：藝文印書館）影印（清）乾隆武英殿刊本，卷
316，頁3557。

〔註36〕（清）李應泰、章綬等修纂《宣城縣志》卷35。（台北：成文出版社）影印光緒十
四年（1888）刊本，收錄於《中國方志叢書》654號，頁3480。

《三國文紀》未著卷數

《西晉文紀》二十卷

《東晉文紀》未著卷數

《宋文紀》十八卷

《齊文紀》未著卷數

《梁文紀》未著卷數

《陳文紀》四卷

《後魏文紀》未著卷數

《隋文紀》未著卷數

《南齊文紀》（案：《千頃堂書目》不見著錄此書）

《北齊後周文紀》未著卷數

《釋文紀》十五卷

《古樂苑》五十二卷

《衍錄》四卷

《唐樂苑》三十卷

《書記洞詮》一百二十卷

《青泥蓮花記》十三卷

《才鬼記》十五卷

《才神記》未著卷數

《才妖記》未著卷數

《宛雅》八卷

《漢魏詩乘》二十卷

《六朝詩乘》四十七卷（案：《宣城縣志》合《漢魏詩乘》、《六朝詩乘》爲《八代詩乘》）

《鹿裘石室集》六十五卷（案：《千頃堂書目》作《石室鹿裘全集》）

《宣乘翼》（案：盧文弨補《千頃堂書目》所加）

《女士集》（案：《千頃堂書目》未著錄此書）

《予甯草》（案：《千頃堂書目》未著錄此書）

《李杜詩鈔》（案：《千頃堂書目》未著錄此書）

《庚辛草》（案：《千頃堂書目》未著錄此書）

梅鼎祚無意於仕，以文章自娛，藏書爲樂，常遊歷山水，題詩酬唱，《宣城縣志》及《寧國府志》所載之名勝，常可見梅鼎祚遊歷所題之詩作。

三、吳伯與

　　吳伯與，字福生，宣城人，萬曆癸丑（41 年，1613）進士，累官至廣累按察司副史。在《素雯齋集》之中，有〈祭外兄梅禹金〉〔註37〕一文，可知吳伯與和梅鼎祚有親戚關係，而徐元太亦有娶一梅夫人，據此推測吳、徐有姻親之誼。吳伯與和徐元太之間有詩唱和，如〈次徐司寇和杜牧之開元水閣韻〉：

　　　　草色連城水接空，情光幾處照心同，

　　　　題來石似燕然外，探盡書從魯壁中；

　　　　嵐氣靜含千丈雨，花情閑落半池風，

　　　　濃濃眼底春千盞，結得新朋句曲東。〔註38〕

　　考《千頃堂書目》及《宣城縣志‧載籍》〔註39〕，其著作有：

　　　　《雲事評略》一卷

　　　　《大同款貢志》一卷

　　　　《宰相守令合宙》未著卷數

　　　　《內閣名臣事略》十六卷

　　　　《素雯齋集》十八卷

四、汪道昆

　　汪道昆（1525～1593），一名守昆，初字玉卿，改字伯玉，號高陽生、南溟（一作南明），又署太函、太函氏、太函子、泰茅氏、天游子等，或逕署外史氏。〔註40〕歙縣人（今安徽歙縣）。嘉靖二十六年（1547），與張居正、王世貞同中進士，歷任義烏縣令、襄陽知府、福建副使、右僉都御史，官至兵部左侍郎。

　　在文壇上，汪道昆負有盛名，與王世貞並稱「兩司馬」；然而錢謙益對其評價頗低，其曰：

　　　　伯玉為古文，初勤襲空同、槐野兩家，稍加琢磨。名成之後，肆意縱

　　　　筆，沓拖潦倒，而循聲者猶目之曰大家。於詩本無所解，沿襲七子末流，

　　　　妄為大言欺世。〔註41〕

認為汪道昆乃承襲七子末流，詩藝乏善可陳，而其文名甚高，時人視之為大家，恐

〔註37〕（明）吳伯與《素雯齋集‧祭外兄梅禹金》卷 22，明天啓刻本。

〔註38〕同前注，卷 7。

〔註39〕（清）李應泰、章綬等修纂《宣城縣志》卷 35。（台北：成文出版社）影印光緒十四年（1888）刊本，收錄於《中國方志叢書》654 號，頁 3480。

〔註40〕汪道昆之姓名、字號，茲據（明）汪道昆撰，胡益民、余國慶點校《太函集》之點校前言。（合肥：黃山書社，2004 年 12 月）頁 1～2。

〔註41〕（清）錢謙益《列朝詩集小傳》（台北：世界書局，民國 50 年（1961）2 月），頁 441。

有名過其實之嫌。

　　雖然錢謙益給予其文壇地位負面評價；但汪道昆在刻書事業上，貢獻良多，是明代後期徽州府重要的刻書家，其刻書堂號爲大雅堂。根據《徽州文化全書——徽州刻書》所載，汪道昆的刻書貢獻有：

> 　　萬曆五年（1577）刻自撰《春秋文》12 卷。萬曆十二年（1584）刻自撰、周光鎬注《春秋節文注略》15 卷。萬曆十三年（1585）汪道昆刻楚屈原、宋玉，漢賈誼纂撰《楚辭》2 卷。萬曆十四年（1586）刻梁釋僧祐輯《弘明集》14 卷，《四部叢刊》以此爲祖本。萬曆十四年（1586）刻唐釋道宣撰《廣弘明集》30 卷。萬曆十九年（1591）刊自撰《太函集》120 卷，附《目錄》10 卷。萬曆二十年（1592）刊漢鄭玄注、唐賈公彥疏《周禮注疏》42 卷。萬曆間刻自編《大雅堂雜劇四種》4 卷……萬曆間刻自撰《副墨》8 卷……萬曆二十七年（1599）家刻自纂修《岩鎮汪氏家譜》不分卷。還有萬曆間刻《列女傳》16 卷，由仇英插圖，爲徽派版畫中的代表作。〔註42〕

　　汪道昆的著作中，篇幅最大者是《太函集》，該書收錄不少詩文，而序跋、墓誌銘、碑文、書牘之類極多，其與徐元太之間的文字交流，主要收錄於該書之中，在卷九有〈司馬開府華陽徐公考績序〉；卷六十五有〈少司馬徐公平羌碑〉；在卷一百零三、卷一百零四有致徐少司馬之書牘各一篇，乃致書時任兵部右侍郎，巡撫四川的徐元太。〔註43〕

　　考上述四篇序跋、碑文及書牘，語帶恭維，應酬成份濃厚，除了私交，二人同樣在朝爲官，同僚之誼應是彼此交遊主要形態。

　　汪道昆交遊廣闊，與郭子章、梅鼎祚亦有文字上之往來，如卷一百零一有致郭相奎書牘一篇。而其與梅鼎祚之間，除了卷九十九致梅禹金二篇書牘，更有多首詩作酬贈，如卷一百一十二〈得禹金書且過不佞，因賦五言八韻寄謝〉之五言排律一首、卷一百一十五〈寄題梅使君天逸閣〉七言律詩二首、卷一百一十五〈宣城梅使君及其伯子修郡志成，遣使促余序者三至，余以負疾謝不敏，詩報伯子，因呈使君〉七言律詩一首、卷一百一十七〈懷梅禹金〉七言律詩一首。

五、許　國

〔註42〕徐學林《徽州文化全書——徽州刻書》（合肥：安徽人民出版社，2005 年 5 月），頁63。

〔註43〕黃山書社點校出版之《太函集》，所附之人名索引以徐元太（汝賢、華陽）、徐元泰（徐少司馬）爲二人，誤，實皆徐元太。（合肥：黃山書社，2004 年 12 月）。

許國（1527～1596），字維楨，歙縣人（今安徽歙縣），舉鄉試第一，登嘉靖四十四年（1565）進士，改庶吉士，授檢討，歷禮部左右侍郎，累官禮部尚書，身兼東閣大學士，入參機務，《明史》言其：「在閣九年，廉慎自守，故累遭攻擊，不能被以汙名。」〔註44〕卒贈太保，諡文穆。事蹟具《明史·許國傳》。

嘉靖四十四年舉進士的許國，一方面和徐元太為同榜進士，另一方面里籍同在安徽，故當徐元太將前往江山縣（今浙江江山市）赴任時，許國撰〈送徐華陽先生之江山序〉贈之。

六、繆國維

繆國維（1566～1626），字四備，又字爾張，號西垣，吳縣人（今江蘇吳縣），舉萬曆二十九年（1601）進士，授南安知縣，累官至貴州右參政。

年齡較徐元太小三十歲，登進士之時，徐元太早已告老還鄉，因此徐元太與繆國維之間，當是長輩與晚輩的關係。徐元太及其劉夫人七十大壽時，繆國維曾撰〈大司寇華翁徐先生暨元配劉夫人七裒序〉一文，應是以晚輩的身輩為之祝壽。

七、朱賡

朱賡（1535～1608），字少欽，號金庭，浙江山陰人。父公節，泰州知州。隆慶二年（1568）進士，改庶吉士，歷禮部左右侍郎，累官至禮部尚書，兼東閣大學士，參與機務。萬曆三十六年（1608）十一月卒，贈太保，諡文節。事蹟具《明史·朱賡傳》。

徐元太任四川巡撫，平定亂事之後，因軍功陞兵部右侍郎，朝中大臣紛表慶賀，更有數人為撰平羌碑記，朱賡出於僚友之誼，亦為徐元太撰〈西蜀平羌碑記〉一篇。

八、何侍御

名不詳，徐元太督撫四川時，值何侍御巡狩，徐元太在《喻林·序》中提到：「中州何侍御公代天來狩，相與提衡，最為契洽。」〔註45〕而「最為契洽」此語，不免有幾分恭維。當何侍御見到徐元太《喻林》之稿本，頗為欣喜。不論何侍御是認為宜將《喻林》流布四方，或是欲以之為書帕餽贈，總之刻成《喻林》八十卷，對徐元太之文名，具有正向之貢獻。

九、劉宇亮

劉宇亮，字季龍，號蓬玄，四川綿竹人。據《寧國府志》記載，官任大學士的

〔註44〕《明史·許國傳》（台北：藝文印書館）影印（清）乾隆武英殿刊本，卷316，頁2394。
〔註45〕（明）徐元太《喻林》（台北：新興書局，1972年1月）影印萬曆四十三年刊本，頁13。

劉宇亮曾爲徐元太「作傳平番諸碑」。〔註46〕

第二節　功勳事蹟

　　任官職而能有所建樹，施行德政以嘉惠百姓，此已實屬不易，而能保持人格高尚、端正操守者，則更加難得。徐元太在人格操守的卓越，對內行德政、對外立軍功，頗值得著墨，因此本節以「人格操守」、「內政建樹」與「平亂功勳」三部分，作爲考述之重點。

一、人格操守

　　爲官清廉，不畏強權的徐元太，其人格操守的養成，實與家庭教育有深厚的關係，如各地方志當中對其父徐衢的評價「有清操」、對其祖父徐訪的評價「有懿行，以耆德稱於鄉」及曾祖徐說的評價「嘗持節，冊封靖江王，資贐甚厚，一無所取，致仕歸務，以忠信先鄉里。年八十餘卒，其齒德爲一時冠云。」同樣對徐元太父祖輩的操守、品德，有頗高的評價，由此可證明徐元太的父祖在教育上，爲其樹立了極佳的榜樣。

　　考取進士，初涉官場，知魏縣時，爲官清廉，無有貪取，甚得口碑，例如張一桂〈前魏令宣城徐公生祠記〉記載徐元太任職於魏縣的作爲云：

　　　　魏雖不腆，故有斗級供辦，自公魚米取諸家，悉罷之。即遠出，亦晨
　　起蓐食，屏廚傳而民不擾。〔註47〕

魏縣雖非富饒的大縣；但有以公款提供辦公物資的前例，「自公魚米取諸家，悉罷之。」說明徐元太從家中自備魚米之屬的物品，而取消以公款準備者，其人品高尚，爲官廉潔，可見一斑。「即遠出，亦晨起蓐食，屏廚傳而民不擾。」顯示徐元太不以居官而驕，處事力求不驚擾人民。

　　最能表現人格操守的事件，當屬徐元太自魏縣知縣擢升吏部主事，曾經分校闈試，而得罪張居正（1525～1582）一事。當時宰輔張居正，史書言其「通識時變，勇於任事。神宗初政，起衰振墮，不可謂非幹濟才。」〔註48〕在明神宗萬曆初年，

〔註46〕　（清）宋敷、錢人麟等纂修《寧國府志》，卷20。（台北：成文出版社）影印乾隆十
　　　　　八年刊本，收錄於《中國方志叢書》693號，頁1706。
〔註47〕　（明）張一桂《漱秋堂文集·前魏令宣城徐公生祠記》卷11，頁6，萬曆庚戌（38
　　　　　年，1610）刊本。
〔註48〕　《明史·列傳一百一·張居正傳》（台北：藝文印書館）影印（清）乾隆武英殿刊本，
　　　　　卷213，頁2337。

的確爲國家社會貢獻良多，居功厥偉；然其自恃薰天勢力，而專橫恣意，逐漸流於
結黨營私，如《明史》記載云：「居正自奪情後，益偏恣，其所黜陟，多由愛憎。左
右用事之人，多通賄賂。」〔註49〕除了依自己之好惡，對官吏予以升遷或貶黜，並
多方從事私己之舉，以國家選拔官員最重要的科舉考試而論，此國家朝廷之公器，
竟淪爲張居正及其黨羽私用，張居正三子皆舉進士第，其友人子弟，亦往往名列榜
上，如《明史》記載：

> 初，兵部員外郎穆應科、山西提學副使陸樹、河南參政戴光啓爲鄉會
> 試考官，私居正子嗣修、懋修、敬修。〔註50〕
>
> 萬曆四年（1576），順天主考高汝愚中張居正子嗣修、懋修，及居正
> 黨吏部侍郎王篆子之衡、之鼎。〔註51〕

萬曆丁丑（5 年，1577）時，張居正之子懋修、敬修赴試，負責科舉考試的官
員彼此告誡，榜上千萬不能遺漏張居正二子，而徐元太獨持異議，得懋修、敬修之
卷，指其紕謬，黜而不錄，《寧國府志》對於此事的記載如下：

> 徐元太……政績卓異，擢吏部主事，嘗分校萬曆丁丑闈試，所拔皆名
> 士。時首輔張居正怙勢薰灼其子弟就試，主司相戒勿遺，元太獨持議非之，
> 得懋修、敬修卷，並摘其紕謬，置勿錄。事竣，宰臣以積郤摘元太取同邑
> 沈懋學爲嫌，將諷御史論之，會廷對，上親擢懋學第一，事遂寢，左遷山
> 東參政。〔註52〕

由闈試得罪張居正一事，顯見徐元太不喜攀附權貴，即使是得罪當朝宰相也
不願朋比。徐元太未錄取宰輔之子，卻「取同邑沈懋學」，因而惹來紛爭，而沈懋
學〔註53〕在廷試拔得頭籌，不僅爲徐元太闢謠，也可證明徐元太是舉能而非舉親，
且筆者撰文所見資料，未見徐元太與沈懋學有書信往來、詩文唱和，因此推測二
人之間的確有同鄉之誼；然而私交卻不密切。

案：徐元太非首位黜落張居正之子者，據《明史》的記載：「神宗初，張居正當
國。二年（1574）甲戌，其子禮闈下第，居正不悅，遂不選庶吉士。至五年，其子

〔註49〕同前注，頁 2335。

〔註50〕同前注，《明史・列傳一百二十四・李植傳》卷 236，頁 2573。

〔註51〕同前注，《明史・志四十六・選舉二》（台北：藝文印書館）影印清乾隆武英殿刊本，
卷 70。

〔註52〕（清）宋敻、錢人麟等纂修《寧國府志》，卷 20，台北：成文出版社影印乾隆十八
年（1753）刊本，收錄於《中國方志叢書》693 號，頁 1703～1704。

〔註53〕沈懋學，字君典，侍御史沈寵之子，萬曆五年（1577）進士。因僚友趙用賢、吳中
行上疏張居正奪情一事，竟遭廷杖，沈懋學往救，觸怒張居正，遂縱情山水，痛飲
歌詩，抑鬱以終。崇禎末追諡文節。事蹟具《明史》。

嗣修遂以一甲第二人及第。至八年，其子懋修以一甲第一人及第。」〔註54〕在徐元太黜落懋修、敬修的前一次科舉，張居正之子便遭到「禮闈下第」的窘境，身爲宰輔的張居正無光彩，一怒之下，不選庶吉士。萬曆五年徐元太復黜落張居正二子，宰輔不悅，殆有過之，故神宗取張嗣修爲榜眼，蓋有安撫張居正之意。萬曆八年（1580），先前遭徐元太黜落的張懋修竟以狀元及第，其政治用意不言可喻。

除了上忤宰輔，性情耿介的徐元太，亦無懼於同僚的壓力，中流砥柱，誠可謂官場清流。徐元太雖不畏張居正強權，堅持理念，卻淪於外放山東，任參政之職。任山東參政期間，會張居正疾，當時各地官吏率多建醮，爲之祝禱，如《明史》所記載：

> 居正病，帝頻頒敕諭問疾，大出金帛爲醫藥資。四閱月不愈（癒），
> 百官並齋醮爲祈禱，南都、秦、晉、楚、豫諸大吏，亡不建醮。〔註55〕

徐元太的同僚亦不例外，相約在泰山祝禱，爲張居正祈福，而外貶的徐元太又拒絕之，明・過庭訓《本朝分省人物考》對此事記載云：

> 江陵〔註56〕病，約請禱于岱宗，太正色拒之，曰：「此舉何名？子爲
> 父禱乎？臣爲君禱乎？」眾皆負慚無地。未幾，江陵卒，而天下莫不高其
> 直躬勁節矣。〔註57〕

徐元太正色拒絕同僚不合分際的祝禱，甘冒遭同僚排擠之後果，足見其爲人正直，絲毫不阿諛。

二、內政建樹

仕宦期間，建樹頗多，功績卓著，尤以知魏縣與任四川巡撫時爲最。徐元太於魏縣廣布德政，故當他要離開魏縣，縣民不只扶老攜幼，泣擁車下，使之不得行，甚至還爲徐元太立生祠以祭之，十年餘不減虔誠，張一桂〈前魏令宣城徐公生祠記〉（以下簡稱〈徐公生祠記〉）記載其情況云：

> ……公筮仕江山令，尋以家難歸。復起知魏，前後皆著惠政，江山民
> 業有去思，而魏人之德公尤甚。初被召，魏之男女耄倪扶攜，泣擁車下，
> 不得行，已，聚族謀曰：「天子奪我父母，何以慰我思，則相率搆祠祀之。」

〔註54〕《明史・志四十六・選舉二》（台北：藝文印書館）影印（清）乾隆武英殿刊本，卷70。
〔註55〕《明史・列傳一百一・張居正傳》卷213，頁2335。
〔註56〕江陵，即神宗時宰輔張居正。張居正，字叔大，江陵人，諡文忠。
〔註57〕（明）過庭訓《本朝分省人物考・卷三十八・南直隸寧國府・徐元太》條，收錄於《明代傳記叢刊》（台北：明文書局，1970年），132冊，頁505。

迄今十年餘矣。歲時伏臘，輒走祠下，益虔。〔註58〕

其之所以如此受愛戴，施政上主要措施有：減輕勞役、注重民生、整飭吏治、倡學表節。關於減輕勞役方面，〈徐公生祠記〉云：「魏故繇役踐更苦失平，自公計地授役，造請無所聽而民不爭。」〔註59〕使百姓服勞役的制度趨於公平。

注重民生方面，「魏故瀕河壞田，廬民牟菽弗厲，自公市穀振貸，已濬故道，築長堤以捍水，而民不患河。」〔註60〕積極治水，而使居民免除水患，並振貸因水患而欠收的民眾，使其能安然度日。

整飭吏治方面，「魏故有吏虎而冠，以法為市，自公斥退三十餘人，獨用片言折兩造，輕者決遣，重者亦親署，爰書吏無所假手，而民不畏吏。」〔註61〕舊有官吏挾法自重，魚肉鄉民，假手訴訟判決而有所傾，徐元太則躬親處理，使不良之官吏無從施惡。

倡學表節方面，「魏故學校長民者，弁髦視之，自公多饒，燕日課試諸生，周婚喪失所者，而民益知鄉學。魏故節婦或抑厭而不揚，自公悉表其門，月給贍廩，而民益知重節。」〔註62〕平日對學生有一定的要求，同時也對遭逢變故等情形者，加以照顧，而使學生得以全心向學；另外則是全面對節婦加以表彰，甚至由公款提供生活上的照顧，藉此激勵民眾對於節操的重視。

三、平亂功勳

除了政治上的建樹，徐元太同時也立下足以震懾邊疆的軍功，文人而立有赫赫軍功，就如同北宋著名儒將范仲淹之戍守邊防。檢視《明史》有關邊防的部分，可知西南民族叛順無常，明朝政權對之用兵頻仍，在擔任四川巡撫的期間，曾有二度大規模的軍事行動。第一次是萬曆十三年（1585）時，大小粟谷、建昌、桐槽、越嶲、黑骨等部族叛變，而徐元太於萬曆十四年十二月初六至萬曆十五年七月二十八日止，正式展開軍事行動，調集播州、酉陽、平茶、馬湖諸路之兵，分派籌劃，分路進剿，數戰皆捷。少數地區，由於地勢險惡，諸酋仍負勢抵抗，而徐元太採取各項計謀，分別擊破之，如（明）朱賡〈西蜀平羌碑記〉載云：

惟大小粟谷，伏深菁中，負固未下，諸將請急擊，公曰：「姑置之，

〔註58〕（明）張一桂（玉陽先生）《漱秫堂文集・前魏令宣城徐公生祠記》卷11，頁6，萬曆庚戌（38年，1610）刊本。
〔註59〕同前注。
〔註60〕同前注。
〔註61〕同前注，頁6〜7。
〔註62〕同前注，頁7。

吾引兵而西，彼必弛備，回戈擊之，直机上肉耳……乃思答地等猶然搦戰，則恃河水漲駛，逆我不能飛渡也。公下令亟戒桴筏，夜半引兵渡河，破其砦……粟谷以兵既西，備果懈，仍以夜半用敍馬兵襲破其三砦。〔註63〕

明軍得以順利擊破乃思答地與粟谷二處，最大原因可以歸功於徐元太料敵無誤，計畫奏效，《（嘉慶）寧國府志》言其：「元太……於書無所不讀，尤曉暢軍事。」〔註64〕可見得徐元太平日即涉獵兵書，臨陣亦非紙上談兵的將領，而是一名能活用所學的儒將，是役之戰果，據《明實錄‧神宗實錄》的記載，云：

擒斬功級，并俘獲幼男、婦女共二千八十六名顆口，奪回被虜軍兵男婦五十名口，招安過投降夷猓大小西番約三十餘名口，奪獲器杖一千九百餘件，牛、馬、豬、羊六百一十餘頭隻，燒燬夷房一千五百餘間。〔註65〕

此後不久，建越地區亂事又起，爲首者有楊九乍、白祿、安興、撒假等人，而亂事以馬湖地區尤甚，諸如攻克城堡，誘殺兵將。徐元太原先的戰略設想，打算採取夾擊的方式，然而偏將輕敵深進而敗，對整體士氣影響頗大，因此改採屯重兵再分路進擊的方式。軍隊規模、調集情形以及分派籌劃將領職責，在《明實錄‧神宗實錄》中，皆有記載：

因議用兵五萬，分三哨：一自馬湖，一自中鎮，一自建昌，及播州、酉陽、平茶、邑梅、天全、烏蒙諸土司，并行調集。馬湖將郭成、朱文達、萬鰲、田中科；中鎮將周于德、滕國光；建昌將邊之垣、宰調元、王之翰、楊師旦。而總兵李應祥隨馬湖營，居中調度，道臣則李士達、武尚耕、周光鎬、張孫繩、周嘉謨分路統之。〔註66〕

平亂用兵時間，自萬曆十五年十一月二十三日起，至次年五月二十日止，過程中，雙方發生多次激戰，進討的情形於《明實錄‧神宗實錄》中有詳細記載。《本朝分省人物考》對戰果記載云：

是役也，前後克寨二百計，斬獲以五千七百餘計，焚毀碉房以千六百計，革去浮賞等費，省國家金錢以數萬計，投降夷猓男婦以二千二百餘計，退還地土爲里者，以九百七十計。東靖黃沙，西靖黑水，東西白草諸寨，

〔註63〕 （明）朱賡《朱文懿公文集》卷二，《四庫全書存目叢書》（台南縣：莊嚴文化事業有限公司，1997年10月）影印（明）天啓刻本，集部149冊，頁166。

〔註64〕 （清）魯銓、鍾英修，洪亮吉、施晉纂《寧國府志》卷26，嘉慶20年重修，收錄於《續修四庫全書‧史部‧地理類》711冊，頁492。

〔註65〕 《明實錄‧神宗實錄》（中央研究院歷史語言研究所，民國55年（1966）4月）據國立北平圖書館藏紅格本微卷影印，卷191，頁3579～3580。

〔註66〕 同前注，卷201，頁3763～3764。

望風款貢，比于編戶。〔註67〕

本次用兵，只是地區性的戰事；但從「前後克寨二百計，斬獲以五千七百餘計，焚毀碉房以千六百計」可以窺見當時戰事的規模。

徐元太在奏議中，對於部將有何卓著戰功，均有述及，然無一言提及自己，一方面固因實際領軍作戰的是總兵李應祥，另一方面史科左給事中張養蒙彈劾徐元太，認爲徐元太應該爲首次用兵失利負責，張養蒙云：

> 四川巡撫徐元太誤聽人謀，擅征臧夷，欲收掩襲之功，竟墮夷術，一軍盡覆。元太當力求貶削，以謝將士，奈何專委罪于三將，違制與會事鄭東昇等失謀乎？假令幸捷，元太當以矯制論與（歟）？抑以奇捷聞與？始則巡撫主其成議，後則巡撫避其失機，捷則巡撫冒其功，敗則巡撫逃其罰。專制之義謂何？臣謂元太之罪不可不治也。（萬曆十五年十月戊寅）〔註68〕

徐元太因張養蒙彈劾，欲請解職，而神宗命其「遵前旨視事，不准辭。（萬曆十六年正月甲辰）」〔註69〕而後，兵部上奏題云：

> 四川撫臣徐元泰（太）奏稱滅賊有期，抱疴增劇，乞使按臣代報功次，蓋憂讒畏譏之心也。然大小功次，奏報於督撫，查勘於巡按，例也。乞敕自行奏報，無庸避嫌。（萬曆十六年三月壬辰）〔註70〕

而神宗也同意兵部之說。徐元太避嫌唯恐不及，更不敢在其文中自言有絲毫功績。在這場征伐之中，關於徐元太的形象，僅《本朝分省人物考》略有提及，記載如下：

> 具題奉旨勦處，會議三路進兵，分布統領，齊集漢土官兵。太自臨陣督戰，親執枹鼓，直搗賊巢。〔註71〕

徐元太雖然不是手執兵器、站在最前線，與敵人短兵相接的將領；然而，儒將胸中「臨陣督戰，親執枹鼓，直搗賊巢」的豪情，亦非一般袖手談心性的文人所能比擬。

〔註67〕　（明）過庭訓《本朝分省人物考・卷三十八・南直隸寧國府・徐元太》條，收錄於《明代傳記叢刊》（台北：明文書局，1991年），132冊，頁507。

〔註68〕　《明實錄・神宗實錄》卷191，頁3601。

〔註69〕　同前注，卷194，頁3649。

〔註70〕　同前注，卷196，頁3695～3696。

〔註71〕　（明）過庭訓《本朝分省人物考・卷三十八・南直隸寧國府・徐元太》條，收錄於《明代傳記叢刊》（台北：明文書局，1991年），132冊，頁507。

第三節　學殖著作

　　徐元太著述不豐,考方志、《千頃堂書目》、《明史・藝文志》及諸家書目,得知撰有《全史吏鑒》、《撫蜀奏議》、《史鑒吟》;輯有《尸子彙逸》;編有《喻林》和《易編》;刊有《新刊憲台考正宋元通鑑全編》。茲就以上諸書,加以考述。

著　述

《全史吏鑒》

　　《千頃堂書目》著錄有:「徐元大(案:當作太)《全史吏鑒》四卷。」〔註72〕此書內容是取諸史書中之循吏、酷吏、能吏、良吏,撮舉其傳,匯於一編,收錄斷限上起於《史記》,下終於《元史》,以作爲吏治之戒鑑。

　　今可見者有二板本,一爲明萬曆庚子(28年,1600)登州府刊本;二爲清嘉慶癸亥(8年,1803)張祥雲補輯之鑑湖亭刊本。

　　前者半頁十行,行二十二字,雙邊,單黑魚尾,板匡高23分分,寬14.9公分,花口,版心上方記書名,下方記刻工名,計有「吳國賓(或作吳)、馬尙義、南、邵朴、李思敬、王其幸、喬有年、曲良善、王高位、史大吉、馬朋、李成學、朱延祚、滕雲路(或作滕雲、滕路)、秦見、王啓幸、秦鑑等。」正文卷端題:「全史吏鑑卷之一南京刑部尙書徐元太輯登州府知府徐夢麟校同知張以翔通判曹永年推官談訴梓」,國家圖書館所藏,有朱筆圈點,鈐有「國立中央圖/書館收藏」朱文長方印、「屠維/大淵獻」白文方印」、「雙清/閣藏」朱文長方印、「吳重/熹印」白文方印、「江安/督糧/使者」白文方印、「清」白文長方印。

　　後者爲清嘉慶間廬州府知府張祥雲的補輯本,補入《明史》中的醇吏三十人(案:附傳不計入),重刊將書析爲十卷。每半頁十行,行二十一字,左右雙邊,單黑魚尾,花口,校心上方記書名,有徐元太原序及張祥雲序,本書有現代印本兩種:江蘇廣陵古籍出版社印〔註73〕,1函6冊,中央研究院文哲所有藏本;北京出版社之《四庫未收書輯刊》本〔註74〕。南京圖書館著錄:「《全史吏鑑》四卷,嘉慶8年(1803)刻本」未見,卷數存疑。

〔註72〕　(清)黃虞稷《千頃堂書目・子部・儒家類》(台北:廣文書局)影印《適園叢書》本,收錄於《書目叢編》,卷11,頁862。

〔註73〕　(明)徐元太輯(清)張祥雲重輯《全史吏鑑》十卷(揚州:江蘇廣陵古籍出版社,1990年1版)。

〔註74〕　(明)徐元太輯(清)張祥雲重輯《全史吏鑑》十卷,收錄於《四庫未收書輯刊》第2輯第26冊(北京:北京出版社,2000年1版)。

《撫蜀奏議》

　　《千頃堂書目》著錄有：「徐元太《撫蜀奏議》。」〔註75〕《撫蜀奏議》十三卷，明萬曆十七年（1589）彭富、蔡國珍刻本，半頁九行，行二十字，板匡高 33 公分。書序爲郭子章所撰，題作〈撫蜀奏疏序〉。此書是徐元太任四川巡撫時所上之奏疏，至於篇幅與內容，則可自序中窺見，郭序云：「……蓋公拊蜀三年，馳奏疏不下數十萬言，而其大致在宣主威，以誅叛夷，明德意，以甦槁氓。」藏於南京圖書館，國內中央研究院歷史語言研究所傅斯年圖書館藏殘帙一部（存 7～9 三卷）。

《史鑑吟》

　　《千頃堂書目》著錄有：「徐元太《史鑑吟》。」〔註76〕其書亡佚。由於《千頃堂書目》置此書於「總集類」中，是一部詩歌總集，至於徐元太是純粹編輯，或者集中亦有自己之作品，則不得而知。不過，顧名思義，書中收錄者可能是以史爲鑑而後發之詩作。

輯　佚

《尸子彙逸》

　　《千頃堂書目》著錄有：「徐元太《尸子彙逸》二卷。尸子久亡，元太彙輯散見諸書者。」〔註77〕其書今不傳，今所見者爲（清）汪繼培輯本。

編　纂

《喻林》

　　《千頃堂書目》著錄有：「徐元泰（案：依第一節所言，應作太爲是）《喻林》一百二十卷。字汝賢，宣城人，嘉靖乙丑進士，南京刑部尚書。」略，詳見以下各章。

《易編》

　　其書今不傳，未詳內容。

刊　刻

《新刊憲台考正宋元通鑑全編》

　　據《明代版刻綜錄》所載，徐元太除刊刻《喻林》之外，尚刊刻（宋）江贄撰

〔註75〕（清）黃虞稷《千頃堂書目‧集部‧表奏類》（台北：廣文書局）影印《適園叢書》本，收錄於《書目叢編》，卷30，頁2123。
〔註76〕同前注，《千頃堂書目‧集部‧總集類》卷31，頁2212。
〔註77〕同前注，《千頃堂書目‧子部‧雜家類》卷12，頁896。

《新刊憲台考正宋元通鑑全編》二十卷、《外紀》二卷、《總論》一卷。

由上觀之，徐元太著述不甚豐，且無個人詩文集傳世，視其作品，《撫蜀奏議》是集結督撫四川時所寫之奏疏，呈報戰況及治理四川之成效，是爲人臣、任官吏應有之作爲。《全史吏鑑》及其所刊之《新刊憲台考正宋元通鑑全編》等，則是可資爲官治事之戒鑑者，由是可見徐元太留意民生，經濟自期，鑑古戒今，惕厲圖治之用心。《喻林》更是一部裨於爲文實用的類書。由徐元太之著作，反映其並非流連玩賞風月、喜好吟詩酬唱的浪漫文人，而是一位注重實用價值，處處自我鞭策的務實儒者。

小　結

根據以上種種資料顯示，徐元太的品德高尚，恪守家風，廉潔自持，不宜得之者，雖一毫而莫取，人格操守實有卓越之處；在爲官期間，留心地方建設，重視各項施政，均徭役、飭吏治、勵節操，任四川巡撫時亦頗有軍功，安定邊防；而其文化建樹，雖非一代名家，然其以史爲鑑，警惕律己，以戒來者之苦心，已昭然於世，一言一字均思裨於實用。可見徐元太雖未嘗高唱清操，標榜「戮力上國，流惠下民」，卻以生命實踐《左傳》賦予知識分子「立德、立功、立言」的遠大志向與使命感，誠足爲後世官吏之楷模，儒者之典範。

附：徐元太年譜簡編

時　間	年　齡	事　件
1536 嘉靖 15 年	1	徐元太生
1561 嘉靖 40 年	26	魁南省第二人
1562 嘉靖 41 年	27	兄徐元氣中進士
1565 嘉靖 44 年	30	中進士。開始著手編纂《喻林》
1566 嘉靖 45 年	31	知江山縣。徐元太之母卒。〔註78〕
		服闋，補魏縣
1570 隆慶 4 年	35	父徐衢卒
		擢吏部主事
1577 萬曆 5 年	42	於禮闈黜落張居正之子，觸怒張居正，而徐元太亦外放任山東參政。

〔註78〕據（清）王彬、朱寶熒等修纂《江山縣志·職官》所記，徐元泰（案：原書作泰，當改爲「太」）於嘉靖 45 年任江山縣令，而次任縣令余一龍亦於同年上任，故知徐元太之母卒於是年。

1582 萬曆 10 年	47	張居正歿。5 月，自山東左參政升爲陝西按察使。〔註79〕
1583 萬曆 11 年閏 2 月	48	升浙江按察使徐元太爲浙江右布政使。〔註80〕
1583 萬曆 11 年 9 月	48	升爲浙江左布政使。〔註81〕
1584 萬曆 12 年 7 月	49	自浙江左布政使，升爲順天府府尹。任期至次年 7 月。〔註82〕
1585 萬曆 13 年 7 月	50	敕順天府府尹徐元太爲都察院右副都御史，巡撫四川。〔註83〕
1587 萬曆 15 年	52	戶部左侍郎，總督倉場、兵部右侍郎，協理京營戎政〔註84〕
1588 萬曆 16 年	53	兵部尙書〔註85〕
1589 萬曆 17 年	54	八十卷本《喻林》刻成
1593 萬曆 21 年正月	58	命協理京營戎政都察院右都御史兼兵部右侍郎徐元太爲南京刑部尙書。〔註86〕
1594 萬曆 22 年 8 月	59	告老還鄉。
1615 萬曆 43 年	80	一百二十卷《喻林》刻成
1617 萬曆 45 年	82	徐元太卒

〔註79〕據李國祥、楊昶主編，劉重來等編《明實錄類纂·職官任免卷》（武漢：武漢出版社）1995 年 7 月，頁 1552。
〔註80〕同前注，頁 1555。
〔註81〕同前注，頁 1557。
〔註82〕同前注，頁 1561。
〔註83〕同前注，頁 984。
〔註84〕據《明實錄·神宗實錄》卷 183 所記之官銜，頁 3411。然《明實錄類纂·職官任免卷》云：「萬曆二十一年十一月，升兵部左侍郎徐元太爲都察院右都御史，協理京營戎政。」時間竟在任南京刑部尚書後，故存疑。
〔註85〕據《明實錄·神宗實錄》卷 201 所記之官銜，頁 3763。然而《明實錄·神宗實錄》及《明實錄類纂·職官任免卷》未見任命徐元太爲「兵部尚書」；《喻林·自序》所記之官銜亦無，疑有誤。
〔註86〕據李國祥、楊昶主編，劉重來等編《明實錄類纂·職官任免卷》（武漢：武漢出版社）1995 年 7 月，頁 236。

第二章 《喻林》成書之經過與板本論述

本章共分三節：第一節〈《喻林》成書之經過〉討論是何原因促成《喻林》的成書；第二節〈板本論述及演變之情形〉則是對《喻林》的各個板本加以介紹，並推斷其成書先後，以明其演變之情形；第三節〈板本間之比較〉則是對五十卷本抄本、八十卷本刻本、一百二十卷刻本，以及現存臺灣地區，同時是海內外孤本的《喻林一枝》加以比較。

第一節 《喻林》成書之經過

依編纂者的背景加以區別，可以將類書分為官修和私修。私修類書的纂成，多是受到功利催化或是為了達成自我理想。功利催化最明顯是科舉導向，自隋代開辦科舉，此官吏選拔制度，令多少士子趨之若鶩，而因應準備科舉的「應試類書」則隨之而生，如《玉海》。另外，尚有為數龐大的私纂類書，純粹以編者個人因素而成，如李商隱《金鑰》、白居易《六帖》。

至於《喻林》與科舉之間的關係為何？則可自《喻林》開始編纂的時間觀之。根據徐元太八十卷本《喻林·自序》對編書時間的記載，云：「二紀于茲」〔註1〕，二紀，即二十四年，回溯推算，則是嘉靖四十五年，即是徐元太考中進士的次年，因此，是書並非徐元太為了準備科舉編纂，而且，此書初成之時，未有付梓之意，因此《喻林》受科舉的影響不大。真正促使徐元太編纂是書之原因，可以歸納為：受時代風氣影響、個人喜好譬喻、編製寫作備忘錄。本節共三部分，分別探討上述三項影響成書動機的因素。

〔註1〕徐元太《喻林·自序》八十卷本（明）萬曆十七年何氏刊本。

一、時代風氣

類書編纂發展甚早，然魏晉時期仍處蘊釀階段，不甚普遍；宋代則因科舉的需求、雕板印刷術的普及，而使類書的編纂，取得較爲蓬勃發展的局面。有明一朝，達到類書編纂的高峰期，以永樂年間敕纂之《永樂大典》最具代表性，是我國歷史上篇幅最大的類書。

此外，根據趙含坤《中國類書》中的統計，明朝立國278年，編纂類書597種〔註2〕，凡是某一書目列入類書類者，均收入該書，其中摻入少數政書，如徐溥等奉敕纂《明會典》、王圻《續文獻通考》；少數農書，如徐光啓《農政全書》、朱橚（案：明太祖第五子，1361～1425）《救荒本草》；少數醫書，如樓英《醫學綱目》，以及其他四部圖書分類上有爭議的書籍，如陸楫編《古今說海》（《明史·藝文志》、《千頃堂書目》列入類書類，《四庫全書總目》列入雜家類）、楊愼《丹鉛錄》（《續文獻通考經籍考》列入類書類，《四庫全書總目》列入雜家類）、張之象《唐詩類苑》（《故宮善本書目》、《類書流別》列入類書類，《四庫全書總目》列入總集類）、高濂《遵生八箋》（《體育大辭典》列入類書類，《四庫全書總目》列入雜家類）。雖然該書對類書的定義不夠嚴謹、不夠明確，造成收書稍嫌龐雜的現象；然而，大致而言，猶可窺見類書編纂的盛況。

關於明代類書的特色，茲參酌趙含坤《中國類書》的說法，可以歸納出三項編纂傾向：〔註3〕

其一，官修數量減少：明朝與前後相較，官修類書的種類銳減，宋代有《太平御覽》、《太平廣記》、《冊府元龜》。清代有《淵鑑類函》、《古今圖書集成》、《佩文韻府》、《韻府拾遺》、《駢字類編》、《子史精華》、《分類字錦》。究其原因，一方面是由於明成祖敕纂之《永樂大典》，可說是綜合性類書登峰造極之作，如果再編其他小型類書，只會相形見絀，況且，明代諸帝未有如成祖好大喜功，而極盡炫耀國力者，也沒有再發生以武力奪取政權，而欲以文化建設粉飾太平的情形，缺少醞釀大型類書的有利條件；另一方面，朝廷重視教化之作，敕纂多部《性理大全》之類的書籍，也分散對類書編纂的注意力。

其二，私纂種類增加：私修類書除了數量上增加，亦朝專門性類書方面積極拓展，例如章潢《圖書編》和王圻《三才圖會》是專門採摭圖譜；姓氏類書如夏樹芳《奇姓通》、楊愼《希姓錄》、李日華《姓氏譜纂》、陶涵中《男子雙名記》、李肇亨

〔註 2〕趙含坤《中國類書》（石家莊：河北人民出版社，2005年5月1版），頁183。
〔註 3〕同前注。

《婦女雙名記》、余寅《同姓名錄》、楊信民《姓源珠璣》、陳士元《姓觽》、《姓彙》、《名疑》、凌迪知《萬姓統譜》（案：明代姓氏類書雖非創例，然其數量之多，在歷代之中，實乃空前。）

其三，篇幅卷數大增：明朝之前所編類書，篇幅達百卷以上者，爲數不多，且大部分是官修，私人編纂較少，宋代私人所纂而較著名者如王應麟《玉海》200 卷；題蕭贊元《錦繡萬花谷》前集、後集、續集，凡 120 卷；潘自牧《記纂淵海》前集 195 卷、後集 125 卷、補集 47 卷；祝穆《事文類聚》前集、後集、續集、別集，凡 170 卷；謝維新《古今合璧事類備要》前集、後集、續集，凡 206 卷。

至於明代私修類書達百卷以上者，比比皆是，如吳琯《三才廣記》（或作《三才廣志》），《千頃堂書目》著錄爲 300 卷，《續修四庫全書》著錄 1179 卷，《天一閣書目》著錄 1184 卷；唐順之《荊川稗編》（亦作《新刊唐荊川先生稗編》）120 卷；章潢《圖書編》127 卷；彭大翼《山堂肆考》240 卷；俞安期《唐類函》200 卷、《啓雋類函》102 卷；馮琦《經濟類編》100 卷；王圻《三才圖會》106 卷；饒伸《學海君道部》240 卷；劉仲達《劉氏鴻書》108 卷；陳仁錫《潛確居類書》120 卷；凌稚隆《五車韻瑞》160 卷（《千頃堂書目》著錄 180 卷）；江一夔《類林探賾》110 卷；茅絢《學海》164 卷……

雖然從卷數上無法精確反映出字數；但一般而言，卷數多者，篇幅往往亦大，字數亦多。明代類書在卷數上的增加，呈現篇幅加大、字數增多的傾向。

二、喜好譬喻

談論個人的成書動機，則當先對「動機」一詞給予定義，「動機（motivation）是一種內在的狀態，可以引發、導引、並保持行爲，是一種內化的精神能量或心智力量，能夠幫助個體達成目標。」〔註4〕

動機可以分成內在動機和外在動機，對兒童而言，外在動機影響相對較大；但隨年齡增長，內在動機的影響，漸次增強。「喜好」正是一項相當強烈的內在動機，是推動外部行爲的無形力量，而完成某項喜好的工作，隨之所帶來的成就感，又再度與「喜好」相輔相成。

徐元太本身特別偏好「譬喻」之句，其云：

> ……然尤嗜喻言，爲假譬之殊形異類，甚易竅穿壅過，脩詞者莫可舍

〔註 4〕 Robert J.Sternberg & Wendy M.williams《Educational Psychology》周甘逢、劉冠麟合譯《教育心理學》（台北：華騰文化公司，2004 年 7 月修訂版）第 10 章，頁 3。

　　　　旃耳。〔註5〕

正是因爲出自內心的喜好，促使自己產生將譬喻集結爲一書的動力，心理學家馬斯
洛（Abraham Maslow, 1970）相信人類有「自我實現（self-actualization）」的需求〔註6〕，
徐元太落實自已的喜好，纂成《喻林》一書，滿足「自我實現」的需求。

三、資輔備忘

　　　人類的記憶可以分成感官記憶、短期記憶、長期記憶，縱使是長期記憶，如果
缺乏適當的維護，也會有遺忘的可能，而人縱使再如何飽學強識，記憶能力畢竟是
有限的，更何況年老恐有記憶衰退之虞，因此，必須透過某些方式，爲自己安排備
忘的工作，以才華縱橫的韓非子爲例，在《韓非子》一書中，集結了多則寓言，而
名之爲「儲說」，這些寓言是有政治性目的，也是替自己儲備材料，以期在適當的場
合得以派上用場。以韓非子才華之高，「寓言」這些儲備的祕寶，必然強識於心中，
而著於書者，當有作爲備忘之用的目的。

　　　胡道靜論類書的作用，在「儲材待用備文章之助」此項云：

　　　　　類書儲材待用，一方面是備倉卒應對之需，一方面也是爲撰文、作詩
　　　資料之需。封建時代的詩、文，大多是需要堆砌典故。臨事得題，不得不
　　　乞靈于類書，而平日不得不有所豫備。虞世南之爲《書鈔》，當然主要是
　　　爲此。白居易作《六帖》、元稹作《類集》、晏殊作《類要》、秦觀作《精
　　　騎集》等等，無非都是如此。〔註7〕

　　　以北宋時蘇門四學士之一的秦觀（1049～1100）爲例，同樣也因自己年長後，
記性稍拙，而有編書以資輔備忘之舉，其於〈精騎集序〉曰：

　　　　　予少時讀書，一見輒能誦，暗疏之亦不甚失……比數年來，頗發憤，
　　　自懲艾，悔前所爲，而聰明衰耗，殆不如曩時十一二，每閱一事，必尋繹
　　　數，終然（案：《四部備要》本無「然」字）掩卷茫然，輒復不省，故雖
　　　然有勤苦之勞，而常廢於善忘……因取經傳子史事之可爲文用者，得若干
　　　條，勒爲若干卷，題曰：《精騎集》云。噫！少而不勤，無如之何矣，長

〔註5〕 徐元太《喻林·自序》（台北：新興書局，民國 61 年（1972）1 月）影印萬曆四十
　　　三年刊本，頁9。

〔註6〕 馬斯洛所提出的需求理論，共分爲七個層次，由低至高，分別是：「生理的需求、安
　　　全感的需求、愛與歸屬感的需求、自尊心的需求、自我了解的需求、對美感的需求、
　　　自我實現的需求。」轉引自周甘逢、劉冠麟合譯《教育心理學》（台北：華騰文化公
　　　司，2004 年 7 月修訂版）第 10 章，頁 21。

〔註7〕 胡道靜《中國古代的類書》（北京：中華書局，1982 年 2 月），頁 20。

　　而善忘，庶幾以此補之。〔註8〕

從「因取經傳子史事之可爲文用者」、「長而善忘，庶幾以此補之。」可知秦少游集古書、古語之精華爲《精騎集》，目的是希冀爲文時，得以作爲備忘之用。是以徐元太編纂《喻林》的原因，從消極面而言，乃是爲了備忘，徐元太在《喻林》自序中，明白道出：

　　　　予至陋且善忘，雖稔習篇章，久則惘然莫憶，故日隨疏記，以識所聞。

〔註9〕

　　　　凡語涉比辭者，無論聖賢與流略之粗華，目所嘗見，必手錄焉，即非
　　喻而可爲喻，猶筆存之，頗懇不急，是勤寧免誚生玩喪，惟欲砭遺忘之疾。

〔註10〕

雖然「予至陋且善忘」這句話包含徐元太自謙的成分，卻也道出「遺忘」的事實，因此引發徐元太編製備忘錄的動機。「稔習篇章」對徐元太而言，反覆學習所得到的是長期記憶，「久則惘然莫憶」是遺忘的現象。因此，將自己曾經翻閱之書，摘出譬喻，動手抄錄，並加以分類，進行編排，即成《喻林》一書，可以「砭遺忘之疾」，作爲備忘之用。

　　本書之編纂，乃徐元太平日讀書所見，親手抄錄，以作爲文章之取資，並非爲了鬻售，故編纂歷時頗久，徐元太自云費時「二紀」（案：二十四年），才完成八十卷本的《喻林》。

　　能適時援用生動的譬喻，以豐富文章的內容，也可作爲備忘之用，此乃《喻林》最初成書之目的，因此原先沒有付梓之意。八十卷本《喻林》刊行的契機，可自八十卷本的郭子章序和一百二十卷本的徐元太自序得知，郭子章序云：

　　　　侍御中州何公謂是書宜布四方，惠來學校而刻之，而屬子章爲之序。

〔註11〕

而一百二十卷本書前徐元太自序提及此事云：

　　　　會中州何侍御公代天來狩，相與提衡，最爲契洽，偶見抄本，謂宜宣
　　布寓中，以惠後學。〔註12〕

　　由是可知徐元太任四川巡撫時，何侍御偶見《喻林》的抄本，認爲應當廣布流

〔註8〕 秦觀《淮海後集》卷6〈精騎集序〉（台北：世界書局，民國75年（1986））影印《摛
　　　藻堂四庫全書薈要》第385冊，頁644。
〔註9〕 徐元太《喻林・自序》（台北：新興書局）影印萬曆四十三年刊本，頁9。
〔註10〕 同前注，頁11。
〔註11〕（明）徐元太《喻林・郭子章序》萬曆十七年刊本。
〔註12〕 徐元太〈喻林自序〉，《喻林》（台北：新興書局）影印（明）萬曆四十三年刻本。

傳，以嘉惠後學，因此方加以刊行。二十六年之後，徐元太又將陸續蒐集的材料加入，與姪兒們重新整理校訂，再次刊行，而成今日所見篇幅多達八十八萬八千餘字〔註13〕的一百二十卷《喻林》。

第二節　板本論述及演變之情形

《喻林》一書，就卷帙數量而論，有五十卷本、八十卷本及一百二十卷本之別，板本之間的差異頗大。此外，尚有節本《喻林髓》、《喻林一枝》、《喻林一葉》以及相關題名著作《廣喻林》、《喻林略》等，板本眾多。

今在台灣可看見的板本有：五十卷的明抄本、八十卷的何氏刊本、一百二十卷的徐元太重刊本以及乾隆年間的文淵閣及文津閣《四庫全書》本，另外還有節抄本，同時也是孤本的《喻林一枝》，而大陸地區所藏之節抄本及相關題名著作，如《喻林髓》、《喻林一葉》、《廣喻林》和《喻林略》，則並附述之。

本節共分二部分，第一部分〈抄本、刻本、節本、相關題名著作與現代影印本〉是對各個板本的板式、特色與庋藏情形進行細緻介紹；第二部分〈板本演變之情形〉是針對各板本加以研究，推論其成書之先後順序。

一、抄本、刻本、節本、相關題名著作與現代影印本

（一）抄　本

1. 五十卷本

板匡高 24.1 公分（卷一首頁版心處）；四周雙邊；花口，刻有「喻林」；無魚尾；版心刻「卷之」二字，而每小類末，常有空白頁，版心無「卷之」二字，板匡高 23.8 公分；半頁十行，行二十二字。無序；有採摭諸書目錄；各卷卷首有「華陽子輯」字樣；分為十門，依序是造化門、人事門、君道門、臣術門、學業門、政治門、德行門、文章門、性理門和物宜門；全書五十卷，分為四函，二十四冊，每冊之首，另賦以集名，二十四集分別為「酌酒會臨泉水，把琴好倚長松，南園露葵朝折，西舍黃粱夜舂」。藏於故宮博物院。

此本昔日藏於昭仁殿，是內府宮庭藏書，字跡端正不苟，用紙亦相當講究，歷

〔註13〕此乃統計一百二十卷刻本的本文所得之數值，〈郭子章序〉、〈自序〉、〈目錄〉、〈採摭書目〉均尚未計入，且每卷開頭「喻林卷ＸＸ」、「宣城華陽徐元太汝賢父編輯」、「猶子徐胥慶無猜父校」、「徐ＸＸ閱」、「ＸＸ門」，子目以及卷末「喻林卷ＸＸ終」的字樣均不計。

經四百餘年，紙色仍然相當潔白，紙質亦相當柔軟，甚爲精美。

五十卷本共分二十四集，如下表所示，而其後之數字乃各集所涵蓋之卷次：

酌 1	酒 2、3	會 4、5	臨 6、7	泉 8、9	水 10、11
把 12、13	琴 14、15	好 16、17	倚 18、19	長 20、21	松 22、23、24
南 25、26	園 27、28	露 29、30	葵 31、32	朝 33、34	折 35、36
西 37、38	舍 39、40	黃 41、42、43	梁 44、45、46	夜 47、48	春 49、50

至於其分類上，一共分爲十門。下表所示，乃各門所涵蓋之卷次，而阿拉伯數字表各門之中子目數量：

造化門卷一 22	人事門卷二～卷二十四 270
君道門卷二十五～卷三十 53	臣術門卷三十一～卷三十二 37
學業門卷三十三～卷三十四 24	政治門卷三十五～卷四十 58
德行門卷四十一～卷四十三 31	文章門卷四十四～卷四十六 35
性理門卷四十七～卷四十八 28	物宜門卷四十九～卷五十 29

由上表的數據，顯示人事門不僅篇幅幾乎佔全書的一半，其分類亦細。

2. 文淵閣四庫全書本

凡一百二十卷。板匡高 22 公分，寬 15 公分，每半頁八行，行二十一字，有徐元太自序。藏於國立故宮博物院。

《四庫全書》本所依據的底本，是萬曆四十三年徐元太的自刊本；但除了原書徐元太的自序，其餘如郭子章序、採摭諸書書目以及原書目錄，悉遭刪除。

四庫館臣在編纂抄錄《四庫全書》時，有些館臣將原書完整抄錄，有些則會恣意刪除序跋、目錄，缺乏統一的標準，也造成《四庫全書》使用上的一大缺失。刪除序跋、目錄或是採摭書目，表面上無損書籍完整，又省抄錄之工，加快編纂速度；然而對後世使用者而言，卻造成極大的不便，不僅無法從序跋得知作者著述旨意、始末，更造成分量較大的書籍，檢索上十分不便，以《喻林》爲例，它本身是一部工具書；然而缺少目錄，如果要檢索某一則或是某一類的譬喻，則需將一百二十卷從頭到尾翻檢一次，喪失了工具書應具備的檢索功能。因此，和萬曆四十三年的刻本相較，此本應用的價值甚低。

此本除了工具書的應用價值低落之外，在《四庫全書》寓禁於修的目的之下，

有詆毀邊疆民族的內容，不免有遭到刪改的現象，將《四庫全書》本與萬曆四十三年刻本的子目加以對照，發現《四庫全書》本《喻林》的〈政治門・馭夷〉一類，因為有「夷」的字眼，是以四庫館臣在抄錄時，將「馭夷」一類，共二十三則，悉數刪除。

3. 文津閣四庫全書本

文津閣本之板式大致上與文淵閣本相仿，內容亦相近，除了〈政治門〉同樣沒有「馭夷」，文津閣本更將〈政治門・暴兵〉一併刪除，推測應是「暴兵」的名稱，與清廷統治之意有所扞格所致。另外，〈人事門・尚動〉一項，文津閣本作「尚勤」，乃形近之誤。

同以《喻林》一書而言，文津閣本比文淵閣本刪節幅度更大，故其價值，較之文淵閣本，又有所未逮。

（二）刻　本

1. 八十卷本

明萬曆己丑（17 年，1589）中州何氏原刊本。板匡高 22.9 公分，寬 15.7 公分；四周雙邊；花口，上方記書名「喻林」，板心其次記卷第，再次記頁次，最下方則偶記刻工名，刻工有：光、正、本、太、永（？）、易、俊、郭、艮；半頁十一行，行二十四字，小字雙行，字數同。首冊題有「喻林」、「顧氏藏本」。有郭子章序、徐元太自序，序後有《喻林》一書的採摭書目以及總目錄；各冊卷首有該冊的目錄；內容分為十門，依序是造化門、人事門、君道門、臣術門、學業門、政治門、德行門、文章門、性理門和物宜門，共分為五百八十餘類；全書八十卷，分為二十四冊，與五十卷的抄本有相同處，其在每冊之首，另賦以集名，二十四集同樣分別為「酌酒會臨泉水，把琴好倚長松，南園露葵朝折，西舍黃梁夜舂」。藏於國家圖書館。

關於該書的鈐印，根據《國家圖書館善本書志初稿》的記載，分別有「吳興劉氏嘉／業堂藏書記」朱文長方印、「張坤／厚藏」（案：張興載，字坤厚，號甄山，一字蘭庭）朱文方印、「姚氏／友筠」朱文方印、「獨鷗／館」白文方印、「雨香閣」朱文長方印、「曾在張／甄山處」朱文長方印、「國立中／央圖書／館攷藏」朱文方印、「雲間／張興／載印」白文方印、「王霖／私印」白文方印、「顧氏／容堂」白文方印、「張印／興載」白文方印、「顧印／王霖」白文方印、「坤／厚」朱文方印、「清河／興載」白文方印。〔註14〕據筆者親自檢閱，尚有數枚鈐印是《國家圖書館善本

〔註14〕國家圖書館特藏組編《國家圖書館善本書志初稿》（台北：國家圖書館特藏組，1998 年 6 月），頁 367。

書志初稿》所未載，分別是「甄／山」（第三冊）朱文方印、「載字／坤厚」（第三冊）白文方印、「坤厚／弍字／蘭庭」（第十冊）朱文方印、「蘭／庭」（第十二冊）朱文方印。

　　國家圖書館所藏之本，印刷漫漶不清，首卷有 276 處朱文修補之痕跡，其後朱文修補雖大幅減少；但非印刷品質提升，而是過多不清而難以盡補。故依其漫漶不清與斷板頻繁的現象判斷，應非初印本，而首冊題「顧氏藏本」，所指爲顧王霖，其爲乾隆五十五年（1790）進士，所以此本印成時間不晚於乾、嘉年間。第十冊書腦處題「宣統三年冬月喻林倚集之一冊華陽子輯」字樣，此應是清末入藏劉承幹嘉業堂時所題。

　　關於八十卷本的成書，由第一節〈喻林成書之經過〉可知八十卷本的成書，與何侍御關係極爲密切，實際即是何侍御所主持刊刻。八十卷本刻於萬曆十七年，正值匠體字開始盛行的時代，然此本不採用匠體字刊刻。

　　明刻本的字體演變，《校讎廣義》大致分爲明初、明中葉、晚明三個階段。〔註15〕明初大體仍受趙孟頫流風影響；晚明則幾乎是匠體字；明中葉則變化較多，除了覆刻本仿照原書字體，還有匠體字的逐漸興起，《圖書板本學要略》記載云：

　　　　爾後梓人爲便於施刀，漸變而成橫輕豎重，板滯不靈之匠體字，即今

　　人所謂宋體字者。此類字體，始於隆萬之際，後乃通行。〔註16〕

　　何侍御刊刻《喻林》不只是爲了流布四方，嘉惠後學，同時也受到當代風氣影響，（清）王士禛云：

　　　　明時翰林官初上，或奉使回，例以書籍送署中書庫，後無復此制矣。

　　又如御史、巡鹽茶、學政、部郎、榷關等差，率出俸錢刊書，今亦罕見。

　　〔註17〕

可見得明時地方官瀰漫刻書之風潮。《圖書板本學要略》論藩府及地方官刻本云：

　　　　明時地方官吏，上自督撫，下迄縣令，率有刻書。其風蓋沿宋漕司郡

　　齋刻書故事，而尤極一時之盛。袁恬（棟）《書隱叢說》云：「官書之風，

　　至明極盛。內而南北兩京，外而道學兩署，無不盛行雕造。官司至任，數

　　卷新書，與土儀並充餽品。」蓋官司到任，率取當地先哲著作刊板；比任

〔註15〕程千帆、徐有富《校讎廣義·版本編》（濟南：齊魯書社，1998 年 4 月二版），頁 351。
〔註16〕昌彼得、屈萬里著，潘美月增訂《圖書板本學要略》（台北：中國文化大學出版部，1986 年 10 月增訂版），頁 78。
〔註17〕（清）王士禛《居易錄》卷7。（臺北：臺灣商務印書館，民國 72 年（1983））影印《文淵閣四庫全書》，第 869 冊，頁 394～395。

　　　　　　滿返京，以所刻書，裹以巾帕，贈諸達官，即世所謂書帕本也。〔註18〕
由「蓋官司到任，率取當地先哲著作刊板；比任滿返京，以所刻書，裹以巾帕，贈
諸達官，即世所謂書帕本也。」可知，書帕本乃地方官吏到任後，輒取該地先哲文
士之著作以刊行，任期屆滿，返回京城，則將其所刊刻之書，用巾帕包覆穩妥，充
作禮物之一，以贈當朝顯要。

　　關於「書帕本」的製作支出，劉師兆祐云：

　　　　　「書帕本」的印行費用，包括木板、紙張、刻工及裝訂費等，一部分
　　　是用自己的俸錢刊刻，但通常是公款支出。〔註19〕
（明）陸容《菽園雜記》云：「上官多以（書帕本）饋送往來，動輒印至百部，有司
所費亦繁。」〔註20〕可資印證。不論是經廠、國子監、藩府的刻書，或是慷國家之
慨的「書帕本」，皆可證明在明代當時而言，為官刻書出版蔚為風尚。

　　將書籍充作禮物，而非實際閱讀，則對內容正確與否的要求並非十分嚴格，況
且官吏俸錢有限，但求書成，品質居次，不免草率從事。歷來學人對書帕本的評價，
普遍不高，顧炎武云：

　　　　今學既無田，不復刻書，而有司間或刻之，然祇以供饋贐之用，其不
　　　工反出坊本下，工者不數見也。〔註21〕
葉德輝亦云：

　　　　明時官吏奉使出差，回京必刻一書，以一書一帕相贈，世即謂之書帕
　　　本。……按：明時官出俸錢刻書，本緣宋漕司郡齋好事之習，然校勘不善，
　　　訛謬滋多，至今藏書家，均視當時書帕本比之經廠、坊肆，名低價賤，殆
　　　有過之。然則昔人所謂刻一書而書亡者，明人固不得辭其咎矣。〔註22〕
顧炎武以及葉德輝同樣認為書帕本的刊刻品質不佳，甚至不如坊刻本、經廠本。

　　至於「書帕本」的特點，曹之先生歸納《四庫全書總目》所著錄的二十種，共
得六項：一、亂題書名；二、著者不明；三、體例參差；四、東拼西湊；五、校勘

〔註18〕昌彼得、屈萬里著，潘美月增訂《圖書板本學要略》（台北：中國文化大學出版部，
　　　1986 年 10 月增訂版），頁 59。
〔註19〕劉師兆祐《認識古籍版刻與藏書家》（台北：臺灣書店，民國 86 年（1997）6 月初
　　　版），頁 118。
〔註20〕（明）陸容《菽園雜記》卷 10。收錄於《叢書集成簡編》（臺北：臺灣商務印館，
　　　民國 54 年（1965））第 132 冊，頁 116。
〔註21〕顧炎武《日知錄集釋》卷 18，「監本二十一史」條。（台北：世界書局，民國 61 年
　　　（1972）12 月四版），頁 423。
〔註22〕葉德輝《書林清話》（瀋陽：遼寧教育出版社，1998 年 3 月），卷 7「明時書帕本之
　　　謬」，頁 149～150。

不精；六、刊刻拙劣。〔註23〕因為《喻林》有明確的作者與書名，體例亦悉依原書，是以六項特點中，一至四項不存在，至於第五、第六項則屢屢可見，這些缺點在以下末章中另有闡述。

　　由於八十卷的《喻林》是何侍御出巡四川，取徐元太之著作《喻林》刊刻，就時機而言，相當符合「蓋官司到任，率取當地先哲著作刊板；比任滿返京，以所刻書，裹以巾帕，贈諸達官。」的說法。其次，八十卷本校刊不精，目錄及卷七十一之子目「豐贍」，一百二十卷本已更正為「豐贍」，此外，下列數則係顯而易見之誤，括弧中為一百二十卷本所改正者：

〈人事・克勤〉

　　譬如農夫，是穮是蓘，雖有飢饉，必有豐（豐）年。<small>左傳昭
公元年</small>

〈人事・見節〉

　　女貞之樹，一各（名）冬生，負霜蒼翠，振柯凌風，故清士欽其質而貞女慕其名。<small>藝文類聚木
部女貞頌</small>

〈人事・審宜〉

　　匏有苦葉，濟有深涉，深則厲，淺則揭。<small>與器詩國匏
有苦葉同</small>　<small>與器同○詩
（國匏有苦葉）</small>

〈人事・勢盛〉

　　如今（金）翅鳥投龍宮中，搏撮諸龍而食噉之，亦如師子在獐鹿群威猛。<small>本緣經毘
羅摩品</small>

〈人事・勢然〉

　　譬如入（父）母，雖常愛子，若得病急，是時愛心轉重。<small>大智度論
卷二十</small>

〈人事・有待〉

　　毛羽不豐（豐）滿者，不可以高飛；文章不成者，不可以誅罰；道德不厚者，不可以使民；政教不順者，不可以煩大臣。<small>戰國策秦
惠文君</small>

〈人事・生促〉

　　遊（逝）矣經天日悲哉帶地川，寸陰無停晷，尺波豈徒旋。<small>文選陸機
長歌行</small>

〈人事・適用〉

　　元（庖）丁解牛，適俗所傾，朱泙屠龍，無所用功，苟乖世務，雖有妙術，歸於無用。<small>劉子
隨時</small>

〈人事・愚人〉

〔註23〕曹之《中國古籍版本學》（台北：洪葉文化事業公司，1994 年 11 月），頁 315～316。

矣（夏）首之南有人焉，曰涓蜀梁，其爲人也，愚而善畏，明月而宵
行，俯見其影，以爲伏鬼也，仰視其髮，以爲立魅也，背而走，比至其家
者，失氣而死，豈不哀哉！（案：《荀子》原文尚有「凡人之有鬼也，必
以其感忽之間，疑玄之時正之，此人之所以無有而有無之時也，而已以正
事。」數句）故傷於溼而擊鼓，鼓痺，則必有弊鼓喪豚之費矣，而未有愈
疾之福也，故雖不在夏首之南，則無以異矣。_{荀子}
解蔽

〈人事・再造〉

則所謂生繁華於枯荑，育豐（豊）肌於朽骨。_{晉書元}
帝　紀

〈臣術・相道〉

月明星希（稀），鳥（烏）鵲南飛，繞樹三币，何枝可依。_{文選魏武}
帝短歌行

〈政治・尚德〉

工欲義（善）其事，必先利其器，若治國用禮義爲器，是器之利者，
故所治之事，行必有成也。_{禮記正}
義禮運

以上十二則係筆者對照八十卷本及一百二十卷本條文增補、刪節情形時，瀏覽所得，
而未嘗深究，若將八十卷本細加校勘，其錯誤紕繆，當數倍於此。綜合上述之理由，
疑八十卷之《喻林》，或爲「書帕本」。

2. 一百二十卷本

萬曆四十三年（1615）徐元太自刊本。板匡高 20.5 公分，寬 14.2 公分；四周單
邊；半頁十行，行二十字，小字雙行，字數相同；花口，記書名及門別（如「喻林
造化」）；單魚尾，魚尾下記卷第（如「卷一」）以及類別（如「天道」），再下記頁次，
各卷卷首之版心下方偏右記寫工名（如「楊應莅書」），偏左記刻工名（如「汪旦刻」）。
分類上同樣分爲十門，然次序與八十卷本有所不同，依序是「造化、人事、君道、
臣術、德行、文章、學業、政治、性理、物宜」

有郭子章序（缺首頁）、徐元太自序；序後有「喻林書目」，是《喻林》所採摭
的書籍目錄，書目之後有「喻林目錄」，是全書一百二十卷的總目錄。又卷一百至卷
百三爲後鈔補；三十二冊；書中鈐有「國立中央圖／書館收藏」。藏於國家圖書館。

寫工計有：王子良、王承譽、王承鼞、陶一鳳、陶仲禮、梅逢暘、陳文慶、黃
應元、楊應莅、劉植。

刻工計有：王邦玉、王國瑞、史栖（96 卷作「史栖」）、史模、李思禹、李應章、
李繼聖、汪旦、芮龍、畢應豪、陶有元、陳孝、陳瑞芝、張文亮、張言、張梅、張
梗、曾應宗、楊有臣、劉化啓、劉仕啓、劉仕任、劉汝忠、劉汝恩、劉朴、劉芳、

劉極、劉榮、劉應祥、談文韜、談志達、潘以奉（90卷作「潘以俸」）、潘省耕、潘省詞、潘湘、顧文演。

國家圖書館有另外四部藏本，冊數均不相同，有二十冊、三十冊、十六冊和六十冊；鈐印亦有所不同，具《國家圖書館善本書志初稿・子部・類書類》〔註24〕。

故宮所藏殘帙一部（存九十八卷）的《喻林》，其與一百二十卷本乃同一板本，然多所殘缺，計郭序缺少5至8頁（案：此據新興書局影印本新編頁碼，下同）、自序缺少9至12頁、17至19頁，採摭書目缺少第21頁，而目錄僅至九十八卷〈政治門・風俗〉，此蓋九十八卷之後殘缺，因而隨之刪削目錄，使目錄得以對應內容。鈐有「楊守敬印」白文方印、「飛青閣藏書印」白文方印（案：此亦楊守敬之藏書印記）、「江南汪氏藏書之印記」白文方印、「中華民國七十九年度點驗之章」朱文長方印。此本非但殘缺，而且蟲蛀相當嚴重，是台灣地區所藏諸本《喻林》之中，書況頗不佳者。

一百二十卷之刊本，這是《喻林》存世最多部，也是內容最豐富完整的板本，且目錄俱在，自工具書使用角度而言，價值為各板本之冠。

另外，值得一提的是《喻林》在板心尚有另一成就，即重刊之一百二十卷本，在每一頁的板心，皆有完整的書名、門類名稱以及子目名稱。葉德輝論明刻本的板心特色云：

> 明初承元之舊，故成、弘間刻書尚黑口。嘉靖間書多從宋本翻雕，故尚白口，今日嘉靖本珍貴不亞宋、元，蓋以此也。大抵此類版心，書名只摘一字，下刻數目。其白口、小黑口空處，上記本葉字數，下記匠人姓名，不全刻書名也。全刻書名在萬曆以後，至我國初猶然。〔註25〕

在板心刻書名全稱，是當時的習慣，不足為奇，刻有卷次者，亦不乏其書；但連門類名稱及子目名稱一併刻入，則不多見。在板心刻上門類及子目，類似現今雜誌版式的「頁眉」（又稱書眉、天眉、刊眉、眉注），張覺明先生認為頁眉的作用有：

> 一是讀者看到一段他想錄下來的資料，不用翻閱封面或版權頁，去查看期數和出版日期，只須（需）看一下眉注就知道了。一是他要剪存那幾頁，另外放開，不用再行批注刊名、期數等等，因為這些都包括在眉注裡

〔註24〕國家圖書館特藏組編《國家圖書館善本書志初稿》（台北：國家圖書館特藏組，1998年6月），頁367～368。

〔註25〕葉德輝《書林餘話》卷下，與《書林清話》合刊。（瀋陽：遼寧教育出版社）1998年3月，頁267～268。

了。有了眉注，任何一頁脫落，都能立刻找到它的歸屬。〔註26〕

張覺明先生是針對「現代雜誌」而言，由於現在的書籍，不論目錄或頁碼，都較古書更爲發達，更爲精準，所以頁眉的功能並非十分受重視；然而，古書僅同卷之中有頁碼，缺乏貫通全書的頁碼，因此在檢索上，對板心的依賴，有如現代書籍倚重頁碼，作爲檢索的重要途徑。「有了眉注，任何一頁脫落，都能立刻找到它的歸屬。」這段話，對八十卷本的《喻林》別具意義，因爲八十卷本書有多處頁數錯置的情形，在板心的卷次、頁次，有時看似沒問題，實際上可能張冠李戴，不同卷次的兩頁，彼此錯置，造成使用上極大的不便。至於此爲國家圖書館收藏之本的個別問題，抑或是所有八十卷本的通病，則因未詳查別本，而未敢驟下定論。不過，如果在板心刻有子目，即可避免此不便，因此，一百二十卷本在板心刻上門類、子目，或許即是以八十卷本爲殷鑑所進行的改良。

雖然每一頁的板心僅寥寥數字；但發揮檢索的作用甚大，可以快速翻閱至欲尋檢的門類，尤其類書是一種工具書，便於檢索更能凸顯工具書的價值。

（三）節　本

1. 喻林髓

二十四卷，明天啓二年（1622）鄒道元刪刊，藏於山東省圖書館。中國國家圖書館有鄭振鐸西諦藏書本，存一～四，九～十三等九卷。

2. 喻林一枝

六卷，六冊，原書不著輯人；然根據錢泰吉〔註27〕（1791～1863）《曝書雜記》所言，《喻林一枝》爲錢泰吉族子恬齋方伯所輯，原文摘錄如下：「……族子恬齋方伯語予：『嘉慶初年，欽命詩賦題，往往取此書，一日琉璃廠書肆搜索殆盡，蓋翰苑諸公爭購讀也。』恬齋嘗摘鈔一冊，名《喻林一枝》……」。〔註28〕考錢恬齋方伯，方伯乃明清之際對布政使的尊稱，再據王德毅《清人別名字號索引》〔註29〕及《清代傳記叢刊》，錢姓而有字號「恬齋」者，惟錢昌齡（1771～1827）一人。錢恬齋方伯，初名昌齡，改名寶甫〔註30〕，字子嘉，號恬齋，浙江秀水人。〔註31〕嘉慶己未

〔註26〕張覺明《現代雜誌編輯學》（北京：中國書籍出版社，1987年9月），頁236。

〔註27〕錢泰吉，字輔宜，號警石、深廬。

〔註28〕收錄於嚴靈峰編《書目類編》（台北：成文出版社，1978年），第73冊，卷上，頁16。

〔註29〕王德毅《清人別名字號索引》（台北：新文豐出版社，民國74年（1985）3月），頁341。

〔註30〕《墨林今話》卷9。周駿富《清代傳記叢刊》（台北：明文書局）73冊，頁244～245。

〔註31〕《詞林輯略》。周駿富《清代傳記叢刊》（台北：明文書局）16冊，頁245。

（四年，1799）進士，官至山西布政使。〔註32〕籜石（案：錢載之號）宗伯孫，善畫，尤工寫蘭。〔註33〕有《恬齋集》、《恬齋遺稿》。〔註34〕

　　清烏絲欄鈔本；板匡高 25 公分；單魚尾，半頁十一行，行二十四字，小字雙行；有「雛奴／王氏藏／書印」朱文方印、「史語所收藏／珍本圖書記」朱文長方印、「國立中央研／究院歷史／語言研究所／圖書之記」朱文方印三枚印記。內容分爲十門，依序爲造化門、人事門、君道門、臣術門、德行門、文章門、學業門、政治門、性理門和物宜門，不論種類或是順序，均與萬曆四十三年的刊本無異，且子目之分類完全一致，順序亦大致相同，確爲一百二十卷本的節縮本無疑。藏於中央研究院歷史語言研究所傅斯年圖書館。

3. 喻林一葉

　　（清）王蘇刪纂，王蘇，字延庚，號儕嶠，江南江陰人，乾隆五十五年（1790）進士，散館授編修，官至河南衛輝府知府，著有《試晬堂集》。〔註35〕合一百二十卷本五卷爲一卷，凡二十四卷；清乾隆甲寅五十九年（1794）桑寄生齋刊本；八冊一函。半頁八行，行十八字，單魚尾，四周雙邊。前有自序、例言。據書前自序云：

　　　　癸丑（1793）長夏，無以消暑，取徐汝賢《喻林》，日錄一卷，撮其

　　菁英，去其繁複，四閱月而畢，名之曰《喻林一葉》。〔註36〕

可知成書時間約在乾隆五十八年（1793）秋冬之際。鈐有「飛青閣藏書印」，中國國家圖書館藏，該館另藏有兩複本，一爲八冊，鈐有「苦雨齋藏書印」；一爲四冊，鈐有「華亭梅氏藏書」及「傅增湘讀書」印。此本與《喻林髓》卷數相同；然筆者未見，未詳內容異同。

　　其書體例，《燕京大學圖書館目錄初稿——類書之部》記載甚明，云：

　　　　合原書五卷爲一卷，凡二十四卷，門類子目，悉仍其舊，並存其目

　　錄。原書所采，皆設譬之辭，倣《演繁露》之例，微引古籍，具列書名，

　　並注其篇目卷第於下，刪本悉仍之，而冠於其首。至原書采《藝文類聚》、

〔註32〕《昭代名人尺牘續集小傳》。周駿富《清代傳記叢刊》（台北：明文書局）32 冊，頁
　　　　466。
〔註33〕同注30。
〔註34〕同注31、32。
〔註35〕同注31，《詞林輯略》卷4，周駿富《清代傳記叢刊》（台北：明文書局）16 冊，頁
　　　　233。
〔註36〕轉引自鄧嗣禹《燕京大學圖書館目錄初稿——類書之部》（北京：燕京大學圖書館，
　　　　1935 年 4 月），古亭書屋重印改書名爲《中國類書目錄初稿》，大立出版社承之。（台
　　　　北：大立出版社）民國 71 年（1982），頁 18。

《太平御覽》等十餘種，不復注明原出何書，刪本悉查檢注明。凡刪削原書之處，加○號以別之。原書引佛老及僞書，多從刪略，存無十一。

〔註37〕

由以上這段話可以歸結幾項有別於《喻林》原書的特點：一、出處的標注，由每則的末尾改爲開端；二、凡轉引自其他類書的資料，反查注明原書出處；三、刪改之處加上「○」的記號；四、刪去許多錄自佛老及僞書的資料。

（四）與《喻林》相關題名之書

1. 廣喻林

三十卷；（清）顧伯宿輯；清初鈔本。藏於遼寧省圖書館。

2. 喻林略〔註38〕

十卷，二冊，（清）內觀居士編，成書時間約在嘉慶五年（1800），道光二十二年（1842）鈔本。雙欄；藍格；半葉八行，行二十字；單魚尾；版心下端印「潛石山房」四字。書皮上書：「道光壬寅夏四月胡七因來揚，借抄一過。」、「夏五月命兒子振彬校畢。」前有嘉慶庚申（5年，1800）十月內觀居士序，序云徐氏《喻林》：「斷自六朝以上，書僅四百餘種，取材本隘，又採內典過多，未免玉屑一車之病。」、「近有《喻林一葉》，不知何人刪擇，多取《易林》、《太玄》等書，詞近奧折，又有順攡寡當處，不足爲臨文供奉。某權倅彝陵，日暇摘錄此冊，間以所見增入，以便行笈。謂之略者，亦曰日費萬錢無下箸處，或二篢可用享云爾。」……撰文者石洪運尚提出三項事項「關於本書，需指出有三："內觀居士"待考；目錄中漏鈔〈學業門〉門、目；〈文章門〉，據目錄，尚缺後二十四目之文字。

本書因循《喻林》之例，分爲十門，大部分的條目是自《喻林》節錄出，但約有五分之一的篇幅是內觀居士所增錄，因此本書不全然爲《喻林》的節本。藏於湖北省圖書館。

《喻林》傳世數量尚稱豐富，海內外均有收藏，茲將重要書目有著錄《喻林》者，製表如下，而《古籍善本書目》未臻詳盡者，以各圖書機構所編之善本書目補充之：

〔註37〕同前注。《中國類書目錄初稿》（台北：大立出版社）民國71年（1982），頁18。

〔註38〕根據陽海清《中南、西南地區省、市圖書館館藏古籍稿本提要》（武漢：華中理工大學出版社，1998年11月），頁259～260。

現存藏本一覽表

書　　名	部類	頁次	著　錄　內　容
臺灣公藏善本書目	不分部類	1272	喻林八十卷，明徐元太撰，明萬曆間中州何氏原刊本。中圖 638
			喻林一百二十卷，明徐元太撰，明萬曆四十三年宣城徐氏重刊本。中圖 638 五部、故宮 403 殘、臺大 24
			喻林五十卷，明徐元太撰，明鈔本。故宮 403
			喻林一百二十卷，明徐元太撰，清文淵閣四庫全書本。故宮 164
中國古籍善本書目	子部類書類	61	喻林八十卷　明徐元太輯　明萬曆十七年何氏刻本（案：收藏於北京大學圖書館、中國科學院圖書館、華東師範大學圖書館、天津圖書館、重慶圖書館、武漢大學圖書館）
			喻林一百二十卷　明徐元太輯　明萬曆四十三年自刻本（案：有三十六所圖書館藏有此本，此不逐一列出）
			喻彙五十卷　明徐元太輯　明抄本（案：藏於中國社會科學院文學研究所）
			喻林五十卷　明徐元太輯　明抄本（案：藏於旅大市圖書館）
			喻林五十卷　明徐元太輯　明抄本（案：藏於青海省民族學院圖書館）
			喻林三十八卷　明徐元太輯　明抄本（卷八至十一、十八至十九配清抄本）（案：藏於南京圖書館）
山東師範大學圖書館館藏古籍書目	子部類書類	515	喻林一百二十卷／（明）徐元太輯。明萬曆 43 年（1615）自刻本，32 冊，10 行 20 字，白口〔註39〕，四周單邊，有寫工、刻工。
中山大學圖書館古籍善本書目	子部類書類	142	喻林一百二十卷　（明）徐元太輯　明萬曆四十三年（1615）自刻本　二十四冊　十行二十字　小字雙行字數同　白口　四周單邊　有刻工

〔註39〕筆者見台灣地區所藏刻本（案：國圖五部、台大一部、故宮殘帙一部【存九十八卷】）皆爲「花口」，而大陸地區的善本書目，著錄《喻林》的版式時，都言其「白口」。根據國家圖書館特藏組張子文先生的解釋，此當是國內與大陸地區所使用的板本術語差異所致，國內習慣依版心上端象鼻黑線、文字的有無，分爲「黑口」、「花口」以及「白口」，而大陸地區則是分爲「黑口」和「白口」二大類，將「花口」併入「白口」。因此著錄雖有「花口」、「白口」的差異，實爲同一板本，下同。

中國人民大學圖書館古籍善本書目	子部 類書類	139	喻林一百二十卷（明）徐元太輯明萬曆四十一年（1613）（案：徐元太自序爲四十三年，年份著錄有誤）自刻本四十冊八函十行二十字，小字雙行同，白魚尾，四周單邊。有刻工。
中國科學院圖書館藏中文古籍善本書目	子部 類書類	328	喻林八十卷　明徐元太撰　明萬曆刻本　三十六冊　六函
北京圖書館古籍善本書目	子部 類書類	1565	喻林一百二十卷　明徐元太輯　明萬曆四十三年自刻本二十四冊　十行二十字　小字雙行同　白口　四周單邊
			喻林一百二十卷　明徐元太輯　明萬曆四十三年自刻本二十二冊
北京大學圖書館藏古籍善本書錄	子部 類書類	320	喻林八十卷　明徐元太輯　明萬曆 17 年（1589）何氏刻本二十四冊
			喻林百二十卷　明徐元太輯　明萬曆 43 年（1616）刻本六十冊
北京師範大學圖書館古籍善本書目	子部 類書類	173	喻林一百二十卷（明）徐元太輯　明翻刻萬曆四十三年（1615）本　六十四冊　十行二十字　小字雙行同　白口四周單邊
東北師範大學圖書館藏古籍善本書目解題	子部 類書類	243	（明）徐元太撰。萬曆四十三年刻本。（卷二十一至二十四、卷三十一至三十二、卷一百三十三至一百三十四抄配【案：《喻林》僅一百二十卷，該處著錄疑有誤】）。十行，二十字。白口，四周單邊。有徐元太萬曆四十三年序。四十八冊。 是書採摭古人設譬之詞，匯爲一編，分十門，每門又分子目，凡五百八十餘類，其徵引古籍，具列書名，并注其篇目卷第。 徐元太：明，宣城人，字儒（案：當作汝，音之誤也）賢。嘉靖進士，知魏縣，以卓異挧吏部主事，累遷順天府尹，官至刑部尙書。（案：當爲南京刑部尚書）。著有喻林。
南京大學圖書館藏古籍善本書目錄	子部 類書類	186	喻林一二〇卷　明徐元太輯　明萬曆四十三年自刻本　二十二冊　十行廿字　小字雙行同　白口　四周單邊
浙江圖書館古籍善本書目	子部 類書類	367	喻林一百二十卷 明徐元太輯明萬曆四十三年自刻本，六十冊十行二十字四周單邊白口，又一部，二十六冊
清華大學圖書館藏善本書目	子部 類書類	206 ｜ 207	喻林一百二十卷卷（明）徐元太輯　明萬曆四十三年自刻本　四十冊八函　十行二十字　小字雙行　白口　四周單邊　有刻工。
香港所藏古籍書目	子部 類書類	230	喻林 24 卷 10 冊 明徐元太輯　清王蘇刪　清乾隆五十九年（1794）桑寄生齋刻本　中大（香港中文大學）（案：王蘇所刪節者，名《喻林一葉》，此處書名著錄不正確）

內閣文庫漢籍分類目錄	子 部 書 類 類	295	喻林，一二〇卷，明徐元太編，明刊　昌（昌平坂學問所本）
京都大學人文科學研究所漢籍分類目錄		612	喻林一百二十卷 明徐元太撰 萬曆四十三年序刊本
京都大學文學部所藏漢籍目錄		94	喻林八十卷 明徐元太撰 萬曆十七年序刊本
東京大學東洋文化研究所漢籍分類目錄		594 中	喻林一百二十卷 明徐元太撰 萬曆四十三年序刊本
尊經閣文庫漢籍分類目錄	雜 部 纂 類 類	728	喻林，一百二十卷，明徐元太，明萬曆版，三二（冊）
靜嘉堂文庫漢籍分類目錄	子 部 書 類 類	565	喻林一二〇卷，明徐元太編，明刊，三二（冊），二九（函），六〇（架）　守（守先閣）
			同（喻林），同，二〇（冊），一〇二（函），十七（架）　敬（中村敬宇）
美國哈佛大學哈佛燕京圖書館中文善本書志		440 ｜ 441	《喻林》一百二十卷，明徐元太輯。明萬四十三年（1615）徐氏刻本。二十冊。半頁十行二十字，四周單邊，白口，單魚尾，書口下間有寫工及刻工。框高 21.1 厘米，寬 13.8 厘米。題「宣城華陽徐元太汝賢父編輯、猶子徐胥慶無猜父校、徐衍慶伯蕃父閱」。前有郭子章序、萬曆四十三年徐元太自序。序後附採摭書目。……鈐印有「明善堂覽書畫記」、「呂海寰」、「鏡宇」、「玖聘」、「朱印樫之」、「永清朱樫之字淹頌號九丹玖聘一號琴客又號皋亭行四居仁和里叢碧所蓄經籍金石書畫印信」。本館又有複本一部，二十四冊。
國會圖書館藏中國善本書錄		714 ｜ 715	喻林一百二十卷　二十四冊　四函　明萬曆間刻本　十行二十字　原題：「宣城華陽徐太汝賢甫編輯，猶子徐肯慶無猜父校，徐衍慶伯蕃父閱。」卷內有：「洪氏藏書萬卷」、「書直白金三百兩」、「清俸寫來手自校，子孫讀之知聖教，鬻及借人為不孝，唐杜得句」三印記。　郭子章序自序萬曆四十三年（一六一五）
普林斯敦大學葛思德東方圖書館中文善本書志	子部	337 ｜ 338	喻林八十卷，八十冊，八函，明徐元太撰。明萬曆間中州何氏刊本。十一行二十四字。板匡高二二公分，寬一五、三公分。卷端有郭子章序，未署年月；又徐氏自序，題萬曆己丑（十七年，一五八九。）按：此為初刊本；至萬曆四十三年（一六一五）徐氏重刊本，則擴充為一百二十卷。千頃堂目及四庫總目所著錄者，皆百二十卷本也。是本有「德鈞圖書」、「求實齋藏」等印記。

（五）現代影印本

五十卷本、八十卷本以及節縮本皆無影印本，目前有影印本者僅一百二十卷的刊本與四庫全書本，茲將筆者所見、知見影印本列表於下，並對重要印本簡要述評。

編號	出　版　者	出版年月	稽　核　項	備　　註
1	台北：新興書局	1972 年 1 月	8 冊 26 公分	影印萬曆四十三年刊本
2	台北：正光書局	1976 年	8 冊，21 公分 5428 面	叢書名：《正光文史叢書》第三輯
3	台北：臺灣商務印書館	1983 年	2 冊	影印《文淵閣四庫全書》第 958、959 冊
4	上海：上海古籍出版社	1987 年	2 冊	據臺灣商務印書館影印《文淵閣四庫全書》重印
5	上海：上海古籍出版社	1991 年	3 冊，19 公分	叢書名：《四庫類書叢刊》
6	上海：上海辭書出版社	1991 年 11 月	1 冊，1330，190 面 21 公分	影印萬曆四十三年刊本
7	北京：團結出版社	1997 年	13～15 冊，21 公分	叢書名：《四庫全書精品文存》吳玉貴、華飛主編
8	北京：商務印書館	2005 年	1 冊	影印《文津閣四庫全書》第 318 冊。與《萬姓統譜》、《經濟類編》合為一冊

◎ 編號 1

新興書局所影印出版的《喻林》，第一卷首頁有「臺北帝國大學圖書」鈐印，故可知此乃據台灣大學所藏之本影印，又〈郭序〉首頁鈐有「龔少／文收藏／書畫印」〔註40〕，故可證明此為「烏石山房文庫本」無疑。書前有新標頁碼的目錄，內容字大且清晰，取得亦容易，研究及使用上均堪稱甚佳，極少數模糊不清的地方，可以參酌四庫本。

◎ 編號 3

自臺灣商務印書館將《文淵閣四庫全書》影印出版後，國內重要學術機構以及規模較大、歷史較久的公私立大學圖書館，普遍均藏有此本；然而，缺少目錄使得此本之藝術價值高於實用價值。

〔註40〕 「少文」乃烏石山房主人龔易圖之號。楊廷福、楊同甫編《清人室名別稱字號索引（增補本）》（上海：上海古籍出版社，2001 年 12 月）下冊，頁 1003。

◎ 編號6

該印本所據之底本，乃原上海中華書局所藏。其最大的特色是在書後有李新華、金家鼇、姚梅華所編之「引書索引」，按書名首字採四角號碼查檢。而該索引中所出現之頁碼，則是此本新標注之頁碼，對使用者而言有一定的貢獻；而此本最大的缺失則在於過度縮印，不僅耗損眼力甚鉅，亦因此常有漫漶不清的現象，令使用者爲此所苦。在台灣地區收藏不普遍，台灣師範大學有藏本。

二、板本演變之情形

八十卷本的《喻林》，根據書前的序，可以知道成書於萬曆十七年（1589）；一百二十卷本的刻本，則是成書於萬曆四十三年；至於節抄本則是根據一百二十卷本而來，成書先後明確，唯五十卷抄本正確的成書年代，由於無序，因此很難精確判斷，然五十卷本究竟是先於八十卷本的早期抄本？抑或是晚出的節本？此問題仍有跡可尋。筆者試就分冊命名、類末常有空白頁、篇幅以及收書數量四個方面進行推斷：

（一）分冊命名

由於五十卷本和八十卷本的分冊方式相同，都分爲二十四集，並且皆以「酌酒會臨泉水，把琴好倚長松，南園露葵朝折，西舍黃梁夜春」作爲集名，二者關係密切。又一百二十卷本的刊刻較細膩，校對也較精確，明顯優於八十卷本。五十卷本與品質較佳的一百二十卷本關係遠，卻與疏漏較多的八十卷本關係密切，倘若五十卷本是節本，則採用較粗劣的板本作爲底本，有違常理，因此推測五十卷本的成書時間，應當早於一百二十卷本。

（二）類末常有空白頁

五十卷抄本在各小類之末常有空白頁，其作用是預留空間，以備日後如有增補時，可以寫在空白頁，而不必再將原書拆開，省去重新裝訂的手續。節縮本罕見這種預留空間的現象，節縮本已經去蕪存菁，只留下編者要的部分，其餘一律刪去，所以五十卷本非節縮本。

（三）篇帙頗大

故宮博物院所藏的五十卷抄本，一共分爲「元、亨、利、貞」四函，每函六冊，共二十四冊。相較於六卷、二十四卷的節縮本，五十卷的篇帙顯得龐大，不似節縮本的篇幅。

（四）收書較少

　　不論是五十卷抄本、八十卷刻本或是一百二十卷刻本，在正文前，皆附有採輯諸書目錄，與八十卷本相較，五十卷本少了二十四種〔註41〕，所以五十卷本的成書時間當是在八十卷本之前。

　　綜合以上四項理由，筆者推論五十卷本的成書時間早於八十卷本，意即成書於萬曆十七年之前。因此《喻林》版本的演變，可用下圖簡單呈現：〔註42〕

〔註41〕計有經部九部：《京氏易傳》、《京氏易傳註》、《韓康伯註易繫辭》、《周易音義》、《周易正義》、《尚書正義》、《毛詩正義》、《禮記正義》、《春秋正義》；子部九部：《公孫龍子》、《小爾雅》、《楚辭註》、《禽經註》、《陶靖節集》、《莊子音義》、《前漢書註》、《揚子法言註》、《李善註文選》；集部一部：《困學紀聞》；雜（藏）部五部：《本草》、《金庭無爲妙經》、《維摩詰所説經》、《羅什譯維摩詰經》、《僧肇註維摩詰經》。

〔註42〕《喻林》板本的演變圖，引自拙著〈徐元太《喻林》及其相關問題初探〉，而再經修改。國立臺北大學人文學院《人文集刊》第4期，民國95年（2006）4月，頁65。

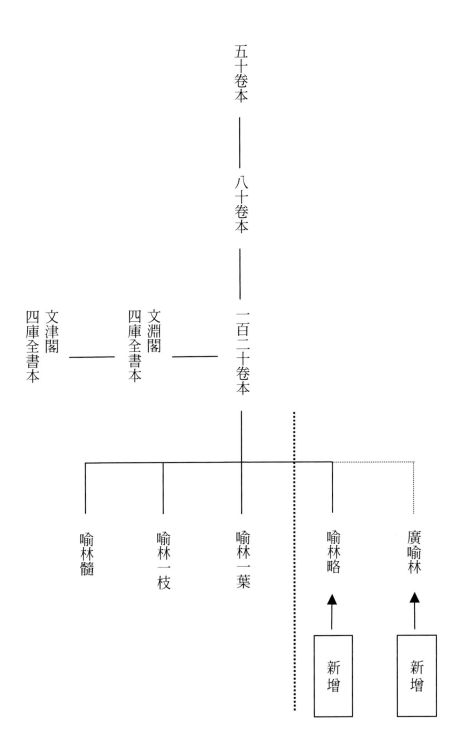

第三節　板本間之比較

各板本在板式之間的差異，在第一節已有論述，在此省略，不加贅述，茲僅就內容與體例方面的不同，進行比較。

一、五十卷本和八十卷本

（一）就內容而言

從五十卷過渡到八十卷，基本上採取只增不減的方式，上節〈版本演變〉述及八十卷本所收書籍的數量，較五十卷本多出二十四種之多，其中如《毛詩正義》、《莊子音義》、《李善註文選》等書，收入的資料尤多，此不逐條列出。

雖然八十卷本的書目只比五十卷本多二十四種；但實際的差距不僅於此，多部書籍雖有列入五十卷本的書目，較之八十卷本，顯現漏收不少條文，如《法苑珠林》一書，於〈造化‧天道〉少收「天有四時五行，日月相推，寒暑迭代，其轉運也，和而爲雨，怒而爲風，散而爲露，亂而爲霧，凝而爲霜雪，立爲蚖蜺，此天地之常數也，若四時失運，寒暑乖違，則五緯盈縮，星辰錯行，日月薄蝕，巨字流飛，此天地之色眚也。^{法苑珠林卷六十三}」又於〈造化‧形氣〉少收「易稱天玄，蓋取幽深之名，莊說蒼天，近在遠望之色，於是野人信明，謂旻青如碧，儒士據典，謂乾黑如漆，青黑誠異，乖體是同，儒野雖殊，不知是一。^{法苑珠林卷二}」

（二）就體例而言

《喻林》的基本架構，在五十卷本已經建立，八十卷本沿用之，不論是十門順序與分二十四集的方式，均完全一致，八十卷本只有三處子目進行些微調整，分別是：〈人事門〉多「婚媾」一類；〈君道門〉將「福瑞」分爲「福慶」和「瑞應」兩類；〈物宜門〉刪「同情」、「屈伸」和「相受」三類。關於板本間子目的異同，請參閱附錄〈喻林目錄〉。

「同情」、「屈伸」及「相受」之所以刪除，是因爲這三個子目中，所收條文過少，分量太小，因此八十卷本將這些條文，併入其他子目之中，其分合改易之情形，如下表所示：

五十卷本	條　　文	八十卷本
物宜・同情	赤肉縣則烏鵲集，鷹隼鷙則眾鳥散，物之聚散，交感以然。 淮南子 說林訓	人事・同情
同　上	鳥飛反鄉，兔走歸窟，孤（狐）死首立（丘），寒將翔水， 各哀其所生。^{淮南子}_{說林訓}	人事・念本
物宜・屈伸	尺蠖之屈以求信也，龍蛇之蟄以存身也。^{易上}_繫	物宜・天機
同　上	鵬之徙於南冥也，水擊三千里，摶扶搖而上者九萬里，去以 六月息者也。^{莊子逍}_{遙　遊}	物宜・大小
物宜・相受	凡生天地之間者，有血氣之屬必有知，有知之屬莫不知愛其 類，今是大鳥獸則失喪其群匹，越月踰時焉，則必反巡，過 其故鄉，翔回焉、鳴號焉、躑躅焉、踟躕焉，然後乃能去之， 小者至於燕雀，猶有啁噍之頃焉，然後乃能去之。^{禮記三}_{年　問}	物宜・良能
同　上	夫飛鳥成行，獸處成群，有孰教之。^{淮南子}_{齊俗訓}	物宜・良能
同　上	冰得炭則解歸水，復其性，炭得冰則保其炭，故曰相愛。 淮南子說 山訓解	人事・相成

二、八十卷本和一百二十卷本

就卷數而言，八十卷本和一百二十卷本有四十卷的差距，然而，經筆者比對之後發現，實質內容的差異不大，同樣有郭子章序、徐元太自敘、採摭書目與內文目錄，以下就內容和體例，闡述二版本之間的差異：

（一）就內容而言

1. 序文部分

郭子章序稱「書凡八十卷……」，而一百二十卷本的郭序改爲「書凡一百二十卷」，這是刻一百二十卷本時，徐元太自行所改易。其次，徐元太的自序原只有三百二十八字；而一百二十卷本則增爲七百六十九字，大抵是就八十卷本自序的內容加以鋪陳，並在序末署名加上長達八十一字的官銜。

2. 採摭書目部分

有分類及數量兩項差異。分類上的不同有《京氏易傳》、《京氏易傳註》、《周易略例》、《韓詩外傳》、《春秋繁露》五書，八十卷本在子部，一百二十卷本在經部；《汲

冢周書》、《穆天子傳》及《西京雜記》三書，八十卷本分別置於經、雜、集部，一百二十卷本則改置於史部。數量上則是一百二十卷本較八十卷本多出《詩說》、《國語解》、《神異經》、《別國洞冥記》、《獨斷》、《述異記》、《顏氏家訓》七部書。（案：八十卷本的採摭書目，雖然沒有《獨斷》一書；但實際上的確有收錄，〈政治門·要地〉：「天子所都曰『京師』，京，水也，地下之眾者，莫過於水，地上之眾者，莫過於人。^{獨斷}」因此，一百二十卷本實際僅增收六部而已）

3. 相似或重複部分

中國文壇自宋代開始，便將改良前人作品，視為一項重要的創作來源，例如宋代江西詩派肇始人黃庭堅所創詩法「奪胎」與「換骨」〔註43〕，其中的「奪胎」即是模仿、改良他人之作。文章佳句常會為人引用或是改良，貼切的譬喻也可說是文章佳句，同樣有修改他人之作以為己語的情形。

八十卷本和一百二十卷本對於這類的情形，則有截然不同的處理方式，八十卷本採取兼容並蓄，而一百二十卷本則是會去其相似或重複部分，例如八十卷本在〈造化·有無〉中，收錄了以下兩筆資料：

夫無形者，物之大祖；無音者，聲之大宗。^{文子
道原}

夫無形者，物之大祖；無音者，聲之大宗。其子為光，其孫為水，皆生於無形乎？夫光可見而不可握，水可循而不可毀，故有像之類，莫尊於水。^{淮南子
原道訓}

由於兩者重複，故一百二十卷便將前者刪去。

又八十卷本在〈人事·審宜〉中，收錄了以下兩筆資料：

今夫舉大木者，前呼邪許，後亦應之，此舉重勸力之歌也，豈無鄭衛激楚之音哉，然而不用者，不若此其宜也。^{淮南子
道應訓}

今舉大木者，前者呼輿謣，後亦應之，此其於舉大木者善矣，豈無鄭衛之音哉，然不若此其宜也，夫國亦木之大者也。^{呂氏春
秋淫辭}

同樣因為兩筆資料過於類似，於是一百二十卷本將前者刪去。

與八十卷本相較，一百二十卷本增加及刪去的條文，分別條列於下列二表：

〔註43〕 （宋）王楙《野客叢書》附《野老紀聞》引庭堅語曰：「詩意無窮，人之才有限。以有限之才，追無窮之意，雖淵明、少陵不能盡也。然不易其意而造其語，謂之換骨法；規模其意形容之，謂之奪胎法。」（臺北：臺灣學生書局，民國60年（1971）5月）影印嘉靖41年王穀祥刊本。

門　類	增　加　條　文
造化・至大	時有俊風，俊者，大也，大風，南風也。何大於南風也？曰：「合冰必於南風，解冰必於南風，生必於南風，收必於南風，故大之也。」夏小正（大戴禮記）
人事・言行	綴以德行，不任以言，庶人以言，猶夏后氏之袺懷袍褐也，行不越境。虞戴德（大戴禮記）
人事・好惡	獸惡其網，爲其害己；民惡其上，爲其病己。卻至告慶（國語解周中）
人事・毀譽	眾心所好，莫之能敗，其固如城；眾口所毀，雖金石，猶可銷之。景王鑄無射（國語解周下）
人事・婚媾	摽有梅，女父擇壻之詩。召南（詩說）
人事・婚媾	野麕，昏姻無禮之詩。召南（詩說）
人事・婚媾	行露，強委禽而不受，至於興訟，大夫以禮斷之，而國史美之。召南（詩說）
人事・報施	樹於有禮，艾人必豐，解曰：「樹，種也；艾，報也。」襄王（國語周）
人事・自取	白龍魚鱗，網者食之。冥記（別國洞）
人事・自取	圍碁擊劍，反自眩刑。道篇（楊子問）
人事・應物	黑翟之徒，世謂熱腹，楊朱之侶，世謂冷腸，腸不可冷，腹不可熱，當以仁義爲節文爾。訓省事（顏氏家）
人事・避害	流者曰川，川不可防，而口又甚川之潰決害于人也，民之敗亂害於上也。上厲王虐（國語解周）
人事・好德	蒹葭蒼蒼音兼加，白露爲霜，所謂伊人，在水一方，遡洄從之，道阻且長，遡游從之，宛在水中央○蒹葭淒淒，白露未晞，所謂伊人，在水之湄，遡洄從之，道阻且躋，遡流從之，宛在水中坻音遲○蒹葭采采，白露未巳，所謂伊人，在水之涘，遡洄從之，道阻且右，遡游從之，宛在水中沚。蒹葭（詩國風）
人事・好德	杕杜，晉文公好賢而國人美之。唐（詩說）
人事・好德	蒹葭，君子隱于河上，秦人慕之而作是詩。秦（詩說）
人事・疾邪	山有扶蘇，隰有荷華叶芳無反，不見子都，乃見狂且音疽○山有橋松，隰有遊龍，不見子克，乃見狡童。有扶蘇（詩國風山）
人事・疾邪	扶蘇，鄭靈公棄其世臣而任嬖人，狂狡子良諫之而作是詩。鄭（詩說）

人事・考僞	南海有明珠，即鯨魚目瞳，鯨死而目皆無精可以鑒，謂之夜光。^{述異記上}
人事・審謀	種黍得黍，種稷得稷，惟在所樹，禍福亦猶是也，若不禮重耳，則當除之，不爾則宜厚之，如此不疑，是爲德基。^{國語解晉四 叔詹諫鄭}
人事・審察	以人爲鏡見成敗，以水爲鏡見形而已，書曰：「人無於水鑑，當於民鑑。」^{國語解吳 申胥諫}
人事・防詐	西南荒中出訛獸，其狀若菟，人面能言，常欺人，言東而西，言惡而善，其肉美，食之，言不眞矣。^{神異經}
人事・畏讒	防有鵲巢，邛有旨苕^{音條叶徒刀反}，誰侜予美，心焉忉忉^{音刀}○中唐有甓，邛有旨鷊^{音逆}，誰侜予美，心焉惕惕。^{詩國風防有鵲巢}
人事・畏讒	揚之水，兄弟爲人所間，而被讒者訴之詞。^{詩說鄶}
人事・畏讒	防有鵲巢，泄冶被讒，內子憂之而作。^{詩說陳}
人事・畏讒	青蠅，厲王之世，讒言繁興，君子憂之而作。^{詩說小正傳}
人事・畏讒	人有言曰：「兄弟讒鬩，侮人百里。」周文公之詩曰：「兄弟鬩於牆，外禦其侮，若是則鬩乃內侮，而雖鬩不敗。」^{國語周襄王}
人事・畏讒	雖蝎譖，焉避之。蝎，木蟲也，譖從中起，如蝎食木，木不能避也。^{國語解晉一 狐突諫申生}
人事・性成	性之與情似金與鐶印，鐶印之用非金，亦因金而有鐶印，情之所用非性，亦因性而有情。^{禮記正義中庸}
人事・懷憂	無將大車，祇（祇）自塵兮，無思百憂，祇（祇）自疧^反兮^{眉簑}○無將大車，維塵冥冥^{莫迥反}，無思百憂，不出于熲^{音耿}○無將大車，維塵雝兮，無思百憂，祇（祇）自重兮。^{詩小雅無將大車}
人事・嗟逝	冬水之凝，何如春水之消。^{初學記禮部死喪}
人事・藉勢	雞惡爲人所用，故自斷其尾，人之美則宜君，人事宗廟也，人自作犧，則能冶人。^{國語解周下 賓孟適郊}
人事・難全	能走者，奪其翼；善飛者，滅其指；有角者，無上齒；豐後者，無前足，蓋天道不使物有兼焉也，古人云：「多爲少善，不如執一，鼫鼠五能，不成伎術。」^{顏氏家訓省事}

人事・修治	當以疾病爲諭，安得不用湯藥針艾救之哉。^{顏氏家 訓教子}
人事・慎始	俗諺曰：「教婦初來，教兒嬰孩，誠哉斯語。」^{顏氏家 訓教子}
人事・要終	吾見世人清名登而金見入，信譽顯而然諾虧，不知後之戈戟毀前之干櫓也。 顏氏家 訓名實
人事・勇爲	舉其前必舉其後，舉其左必舉其右。^{大戴禮 記少問}
人事・尚速	盛饌未具，不能以虛待之，不及壺飧之救饑疾也，言己欲滅吳，取快意得 之而已，不能待有餘力也。_{王問范蠡}^{國語解越下}
人事・知命	夫命之窮達，猶金玉木石也，修以學藝，猶磨瑩雕刻也，金玉之磨瑩，自 美其鑛璞，木石之㓥塊，自醜其雕刻，安可言木石之雕刻乃勝金玉之鑛璞 哉，不得以有學之貧賤，比於無學之富貴也。^{顏氏家 訓務學}
人事・知命	人足所履，不過數寸，然而咫尺之途，必顛躓於崖岸，拱把之梁，每沉溺 於川谷者，爲其旁無餘地故也，君子之立己抑亦如之，至誠之言，人未能 信，至潔之行，物或致疑，皆由言行，聲名無餘地也。^{顏氏家 訓名實}
人事・覺人	夫同言而信，信其所親；同命而行，行其所服，禁童子之暴謔，則師友之 誡，不如傅婢之指揮，止凡人之鬥鬩，則堯舜之道，不如寡妻之誨諭，吾 望此書爲汝曹之所信，猶賢於傅婢寡妻耳。^{顏氏家 訓序致}
人事・念本	鴈北鄉，鄉者何也，鄉其居也，鴈以北方爲居，何以謂之爲居，生且長焉 爾。_{夏 小 正}^{大戴禮記}
人事・重本	獺祭魚，豺祭獸，善其祭而後食之也。_{夏 小 正}^{大戴禮記}
人事・重本	祖考之嘉名美譽，亦子孫之冕服墻宇也，自古及今，獲其庇蔭者眾矣。夫 修善立名者，亦猶築室樹果，生則獲其利，死則遺其澤。^{顏氏家 訓名實}
人事・受言	山川所以宣地氣而出財用，亦以宣人心而言善政。_{上屬王虔}^{國語解周}
人事・通才	刀味核生南荒中，樹形高五十丈，實如棗，長五尺，金刀剖之則甜，竹刀 剖之則飴，木刀剖之則酸，蘆刀剖之則辛。_經^{神異}
人事・貴通	山中人不信有魚大如木，海上人不信有木大如魚，漢武不信弦膠，魏文不 信火布，胡人見錦不信有蟲食樹吐絲所成，昔在江南，不信有千人氈帳， 及來河北，不信有二萬斛船，皆實驗也。^{顏氏家 訓歸心}
人事・昌後	螽斯，美周室多男之詩。_{周南}^{詩說}
人事・昌後	麟止，文王之子多仁賢，美之。_{周南}^{詩說}

人事・過當	葛履，魏之內子儉，不中禮，媵者怨之。^{詩說 魏}
人事・昏闇	問其造屋，不必知楣橫而梲豎也，問其爲田，不必知稷早而黍遲也。^{顏氏家訓勉學}
人事・失所	黃鳥，民適異國，見拒於人而思歸故鄉，乃作是詩。^{詩說 王}
人事・失所	鴇羽，民從征役而不得養其父母，故作此詩。^{詩說 魏}
人事・失人	伐檀，君子能其宦而不用，魏人慕之而作是詩。^{詩說 魏}
人事・禍原	平叔以黨曹爽見誅，觸死權之綱也，輔嗣以多笑人被疾，陷好勝之阱也。^{顏氏家訓務學}
人事・必敗	幽王敗亂周之法度，猶毀壞高山，以爲魁陵糞土，殘絕川藪，以爲溝瀆，無有悛止之時。^{國語解周下單穆公}
人事・必敗	披褐而喪珠，失皮而露質，兀若枯木，泊若窮流。^{顏氏家訓勉學}
人事・自多	但知私財不入，公事夙辦，便云：「我能治民，不知誠己形物，執轡生組，反風滅火，化鴟爲鳳之術也。」^{顏氏家訓勉學}
人事・不量	芄蘭，刺霍叔也，以童子僭成人之服，比其不度德量力而助武庚作亂。^{詩說 邶}
人事・無用	魏武帝陵下銅鴕石犬各二，古詩云：「石犬不可吠，銅鴕徒爾爲。」^{述異記上}
人事・無用	洛中童謠曰：「雖有千黃金，無如我斗粟，斗粟自可飽，千金何所直。」^{述異記下}
人事・無用	漢世古諺曰：「雖有神藥，不如少年，雖有珠玉，不如金錢。」^{述異記下}
人事・善禍	賢人君子雖隱其身而德甚明著，不能免禍害，猶如魚捕於水亦甚著見，被人採捕。^{禮記正義中庸}
人事・見棄	谷風，邶之良婦見棄於夫而作。^{詩說 邶}
人事・見棄	采葛，賢者被讒，見黜於野，周人閔之而作。^{詩說 王}
人事・見棄	晨風，秦君遇賢，始勤終怠，賢人譏之。^{詩說 秦}
人事・見棄	白華，幽王寵褒姒，廢姜后，后歸申而作。^{詩說小正 傳}
人事・豫圖	今日當預思明日之事，如家人宿火矣。^{左傳正義昭二十九年}
人事・計失	世人不問愚智，皆欲識人之多，見事之廣，而不肯讀書，是欲求飽而懶營饌，欲求暖而惰裁衣也。^{顏氏家訓勉學}

君道・戒侈	甫田，齊景公急於圖霸，大夫諷之。_{詩說齊}
君道・戒侈	東海之外，荒海中有山，焦炎而峙，高深莫測，蓋稟至陽之為質也，海水激浪，投其上，噏然而盡，計其晝夜，噏攝無極，若熬鼎受其洒汗耳。_{神異經}
君道・勤民	下有憂民則上不盡樂，下有饑民則上不備膳，下有寒民則上不具服，徒跣而垂旒，非禮也，故足寒傷心，民寒傷國。_{申鑒政體}
君道・用賢	兔罝，文王聞大顛閎天、散宜生皆賢人而舉之，國史詠其事而美之。_{詩說周南}
君道・用賢	君如財之，曰：「於此有功匠焉，有利器焉，有錯扶焉，以時令其藏必周密，發如用之。」_{大戴禮記少問}
君道・得人	風雨，齊桓得管仲以為相，齊人喜之而作是詩。_{詩說齊}
君道・得人	棫樸，文王能官人也。_{毛詩棫樸}
君道・擇任	夫為室者，慎其樴，君天下者，難其相也。_{大戴禮記武王踐阼註}
君道・遠邪	無將大車，周大夫有寵信小人者，其臣諫之而作。_{詩說王}
君道・體臣	卷耳，文王遣使求賢而勞之以詩。_{詩說周南}
君道・瑞應	堯為仁君，一日十瑞，宮中芻化為禾、鳳凰止於庭、神龍見於宮沼、曆草生堦、宮禽五色、烏化白、神木生蓮、篋蒲生廚、景星耀於天、甘露降於地，是為十瑞。_{述異記}
君道・防壅	且夫口，三五之門也，口所以紀三辰，宣五行，故謂之門。_{國語解晉一伐驪戎}
君道・去讒	采苓，晉人諫獻公信讒之詩。_{詩說唐}
臣術・明分	禮防雖短，不可踰也，王室雖卑，不可僭也。_{國語解吳}
臣術・勤事	小星，小臣奉使行役之詩。_{詩說召南}
臣術・進賢	野有蔓草，晉臼季薦郤缺于文公，晉人美之。_{詩說唐}
臣術・求助	蘀_{音托}兮蘀兮，風其吹女_{音汝}，叔兮伯兮，倡_{去聲}予和_{去聲叶戶圭反}女○蘀兮蘀兮，風其漂女，叔兮伯兮，倡予要_{音腰}女。_{詩國風蘀兮}
臣術・求助	蘀兮，鄭莊公卒，公子爭立，而齊楚交伐，忠臣憂之，欲相率獻謀，以救其國，故作此詩。_{詩說鄭}
臣術・戒貪	碩鼠，大夫貪戾，魏人怨之而作是詩。_{詩說魏}

臣術・憂國	園有桃，君子憂國而嘆之。^{詩說 魏}
臣術・憂國	山有樞，唐人憂國之詩。^{詩說 唐}
臣術・憂國	蜉蝣，君怠國危，曹大夫閔之而作。^{詩說 曹}
臣術・相道	尹氏作大師之官，爲周之桎鎋。（案：不注出處）
臣術・立節	天下無道，循道而行，衡塗而債。^{大戴禮記曾 子制言中}
臣術・保身	鳴鳩，此大夫遭周之亂而兄弟相戒以免禍之詩。^{詩說小 正 傳}
臣術・得君	君子至止，福祿如茨。^{詩小雅瞻 彼洛矣}
學業・取友	是以與善人居，如入芝蘭之室，久而自芳也，與惡人居，如入鮑魚之肆，久而自臭也，墨翟悲於染絲，是之謂也。^{顏氏家 訓慕賢}
學業・求益	子夏傳云：「雷以動之，風以散之，萬物皆益。」^{周易正 義 益}
學業・求明	幼而學者如日出之光，老而學者如秉燭夜行，猶賢乎瞑目而無見者也。^{顏氏家 訓勉學}
學業・造士	天將以夫子爲木鐸。^{論語 八佾}
政治・法治	大哉！子之教我制也。政之豐也如木之成也。^{大戴禮 記少間}
政治・號令	雨從上而下於地，猶教令從王而下於民，而王之教令眾多如雨，然事皆苛虐，情不恤民，而非所以爲政教之道，故作此詩以刺之，名之曰：「雨無正。」 毛詩正義 雨 無 正
政治・均調	土氣和而物生之，國家和而民附之，若以水益水，盡乃棄之，無所成也。^{國語 解鄭} 史伯對 桓 公
政治・節力	何草不黃，桓王之世，伐滕、薛、唐、杞諸國，連歲不息，周人苦之而作是詩。^{詩說 王}
政治・節力	嶄嶄之石，桓王伐鄭，將帥不堪勞苦而作是詩。^{詩說 王}
政治・兵機	眾獸群聚，其中一個被矢，則百群皆走，以言吳民臨陳就戰，或小有傾傷，亦復然也。^{國語解吳} 申胥諫
政治・庇本	角弓，王不親九族而好讒佞，宗族相怨之詩。^{詩說小 正 傳}
政治・歸心	樛木，諸侯慕文王之德而歸心焉，故作此詩。^{詩說 周南}
政治・歸心	艸蟲，南國大夫夏聘於周，次於終南，睹王室之多賢，相率以歸心焉。^{詩說 召南}

政治・歸心	鴻鴈，王者柔懷遠人，流民喜之而作是詩。^{詩說 小正}
政治・喪亂	北風，邶人厭亂之詩。^{詩說 邶}
政治・喪亂	葛藟，王族流散而作。^{詩說 王}
政治・喪亂	苕之華，景王崩，王室亂兵連歲，饉民物盡耗，君子傷生逢其難。^{詩說 王}
政治・喪亂	是以四疆之內，各以其力來侵攘，肌及骨赧，獨何以制秦乎？^{楊子 重黎}
德行・孝弟	杕杜，君子教人孝友之詩。^{詩說 魏}
德行・孝弟	《孝經鉤命決》云：「孝道者，萬世之桎鐍。」（案：未注明出處）
德行・孝弟	兄弟相顧，當如形之與影，聲之與響。^{顏氏家 訓兄弟}
德行・孝弟	兄弟之際，異於他人，望深則易怨，他親則易弭，譬猶居室，一穴則塞之，一隙則塗之，則無頹毀之慮，如雀鼠之不卹，風雨之不防，壁陷楹淪，無可救矣。僕妾之為雀鼠，妻子之為風雨，甚哉。^{顏氏家 訓兄弟}
德行・齊家	關關雎^{音 疽}鳩，在河之洲，窈窕淑女，君子好逑^{音 求}○^{詩國風 關　雎}
德行・齊家	桃之夭夭，灼灼其華^{音 花}，之子于歸，宜其室家。^{詩國風 桃　夭}
德行・齊家	蓺麻如之何，衡^{音 橫}從其畝，取妻如之何，必告父母。^{詩國風 南　山}
德行・齊家	谷風，刺夫婦失道也，衛人化其上，淫於新昏而棄其舊室。^{毛詩 谷風}
德行・齊家	事父，可以事君；事兄，可以事師長。使子，猶使臣也；使弟，猶使承也。能取朋友者，亦能取所予從政者矣。賜與其宮室，亦猶慶賞於國也，忿怒其臣妾，亦猶用刑罰於萬民也，是故為善必自內心也。^{大戴禮記 曾子立事}
德行・齊家	腐木不可以為柱，卑人不可以為主。^{前漢書 劉輔傳}
德行・齊家	初一，謹于娶埶，初貞後寧，測曰：謹于娶埶，始女貞也。^{太玄經 第五內}
德行・齊家	疥癬，蚊虻或未能免限以大分，故稀鬥鬩之恥。^{顏氏家 訓後娶}
德行・齊家	笞怒廢於家，則豎子之過立見，刑罰不中，則民無所措手足，治家之寬猛猶國焉。^{顏氏家 訓治家}
德行・齊家	今使疏薄之人而節量親厚之恩，猶方底而圓蓋，必不合矣。^{顏氏家 訓兄弟}
德行・婦道	桃夭，周人美后妃終始婦道之詩。^{詩說 周南}
德行・婦道	漢廣，文王化行江漢而男女知禮。^{詩說 周南}

德行・婦道	江有汜，諸侯之媵始不容於嫡，終而進之，故作是詩。^{詩說}_{召南}
德行・婦道	鳲鳩，因鵲成巢而居有之，而有均壹之德，猶國君夫人來嫁，居君子之室，德亦然。^{鄭氏箋}_{詩鵲巢}
德行・企仰	古人云：「千載一聖，猶旦暮也，五百年一賢，猶比髆也，言聖賢之難得，疏闊如此。」^{顏氏家}_{訓慕賢}
德行・德驗	名之與實，猶形之與影也，德藝周則名必善焉，容色姝麗則影必美焉，今不修身而求名於世者，猶貌甚惡而責妍影於鏡也。^{顏氏家}_{訓名實}
文章・體格	凡爲文章，猶人乘騏驥，雖有逸氣，當以銜勒制之，勿使流亂軌躅，放意填坑岸也。文章當以理致爲心胸，氣調爲筋骨，事義爲皮膚，華麗爲冠冕。 顏氏家 訓文章
文章・文病	理重事複，遞相模敩，猶屋下架屋，牀上施牀耳。^{顏氏家}_{訓序致}
性理・去智	南康郡君山有獸名格，似猩猩之形，自知吉凶，人無機愛之，則可馴狎；欲執害之，則去不來。^{述異}_{記下}
物宜・變化	昔盤古氏之死，頭爲四岳，目爲日月，脂膏爲江海，毛髮爲草木。秦漢間俗說盤古氏頭爲東岳，腹爲中岳，左臂爲南岳，右臂爲北岳，足爲西岳。先儒說盤古氏泣爲江河，氣爲風，聲爲雷，目瞳爲電。古說盤古氏喜爲晴，怒爲陰。^{述異}_{記上}
物宜・變化	今江淮中有鮫名熊，熊蚫之精，冬化爲雉，至夏復爲蛇。^{述異}_{記上}
物宜・變化	淮水中黃雀至秋化爲蛤，春復爲黃雀。^{述異}_{記上}
物宜・珍異	東海島龍川，穆天子豢八駿處也，島中有草，名龍芻，馬食之，一日千里，古語云：「一株龍芻，化爲龍駒。」^{述異}_{記上}
物宜・珍異	南海中有軒轅丘，鸞自歌，鳳自舞，古云：「天帝樂也。」^{述異}_{記上}
物宜・見貴	越俗以珠爲上寶，生女謂之珠娘，生男謂之珠兒，吳越間俗說：「明珠一斛，貴如王者。」^{述異}_{記上}
物宜・審用	淮南有懶婦魚，俗云：「昔揚氏家婦，爲姑所溺而死，化爲魚焉，其魯膏可燃燈燭，以之照鳴琴博奕，則爛然有光，及照紡績，則不復明焉。」^{述異}_{記上}
	部分增補（粗體字部分）
臣術・進賢	**君顏色何以消減於故邪？孔曜言：**「體中無藥石之疾，然見清河郡內有一騏驥，拘繫後廐歷年，去王良、伯樂百八十里，不得騁天骨，起風塵，以此憔悴耳。」^{魏志管}_{輅傳註}

　　相似或重複的條文，一百二十卷本一律刪除較簡略者，而留下敘事較豐富、譬喻較詳盡者，下表所示，乃八十卷本重新編次成一百二十卷本時，一百二十卷本所刪去的條文：

門　　類	刪　　去　　條　　文
造化‧有無	夫無形者，物之太祖；無音者，聲之大宗。文子道原
造化‧至大	天之圓也不中規，地之方也不中矩。意林任子
人事‧言行	夫華多實少者，天也；言多行少者，人也。說苑敬慎
人事‧婚媾	析薪如之何，匪斧不克；取妻如之何，匪媒不得。詩國風南　山
人事‧自取	操銳以刺，操刃以擊，何怨於人。文子上德
人事‧自取	夫徼幸者，伐性之斧也，嗜欲者，逐禍之馬也，讒諛者，窮辱之舍也，取虐於人者，趨禍之路也。說苑敬慎
人事‧慮患	吳有越，腹心之疾；齊與吳，疥癬也。史記越世　家
人事‧慮患	蘇代謂孟嘗君曰：「今者臣來，過於淄上，有土偶人與桃梗相與語，桃梗謂土偶人曰：『子西岸之土也，挺子以爲人，至歲八月降雨下，淄水至，則汝殘矣。』土偶曰：『不然，吾西岸之土也，土則復西岸耳，今子東國之桃梗也，刻削子以爲人，降雨下，淄水至，流子而去，則子漂漂者，將如何耳？』今秦四塞之國，譬若虎口，而君入之，則臣不知君所出矣。」戰國策齊閔王
人事‧疾邪	如毒蛇篋不可附近。大寶積經卷九十六
人事‧慎積	洪流壅於涓涓，合拱挫於纖蘗。宋書傅亮　傳
人事‧所重	周室九鼎，寶歌曰：「器寶待人而後寶。」玉海器用鼎鼐
人事‧審宜	今夫舉大木者，前呼邪許，後亦應之，此舉重勸力之歌也，豈無鄭衛激楚之音哉，然而不用者，不若此其宜也。淮南子道應訓
人事‧心隱	人心難知於天，天有春夏秋冬以作時，人皆深情厚貌以相欺。意林魯連　子
人事‧戒疑	如彼道上行人，每得人即與之謀，意無所從，爲事之故，用此不得於止道也。春秋正義襄公八年
人事‧戒泥	若夫是於此而非於彼，非於此而是於彼者，此之謂一是一非也，此一是非隅曲也，夫一是非宇宙也，今吾欲擇是而居之，擇非而去之，不知世之所謂是非者，不知孰是孰非。淮南子齊俗訓

人事‧偶合	如蟲食木，偶得成字。_{大智度論卷二}
人事‧貴智	蜘蛛作羅，蜂之作窠，其巧亦妙矣，況復人乎？_{意林傅子}
人事‧嗟逝	盡若窮焉，離若斷弦，如影滅地，由星霣天。_{初學記禮部死喪}
人事‧託比	自號鴟夷者，若盛酒之鴟夷，多所容受而可卷懷與時張弛也。_{前漢書註貨殖昔粵王傳}
人事‧寓言	東海猶蹄涔，崑崙若蟻堆。_{藝文類聚靈異部仙道詩}
人事‧易成	人君內善其身，外修其德，居無幾何，可以立功，猶是婉孌之童子，少自修飭，丱然而稚，見之無幾何，突耳加冠為成人也。_{鄭氏箋詩甫田}
人事‧分量	如香象王之所負擔，驢能勝不。_{菩薩善戒經卷一}
人事‧遭遇	客有以吹籟見越王者，上下宮商和，而越王不喜也，或為之野音，而王反悅之，亦有如此者，要在聽之而已。_{藝文類聚樂部籟}
人事‧因託	登高而建旗，則所示者廣，順風而奮鐸，則所聞者遠，非旌色益明，鐸聲遠長，所托得地，而況富貴施政令乎。_{意林物理論}
人事‧相資	風雨相感，朋友相須。_{毛詩谷風註}
人事‧才難	百世有聖人，猶隨踵千里，有賢者比肩。_{意林申子}
人事‧勞苦	君子當居安平之處，今下從征役，其為危苦，如鴇之樹止然。_{鄭氏箋詩鴇羽}
人事‧難全	鄙語云：「尺有所短，寸有所長。」_{史記起竊傳}
人事‧難合	持方枘欲內圓鑿，其能入乎。_{史記孟子傳}
人事‧難並	鮑魚蘭芷不同篋而藏，堯舜桀紂不同國而治。_{說苑指武}
人事‧生促	譬如燈炷，唯藉於油，油既消盡，勢不久停。_{元陽妙經卷一}
人事‧崇儉	乘馬繫於廄，無事則委之以莝，有事乃予之穀，愛國用也。_{初學記政理部貢獻}
人事‧順時	龍驤蠖屈，從道汙隆。_{文選劉峻廣絕交論}
人事‧尚義	理之所守，勢所常奪，道之所閉，權所必開，是以生重於利，故據圖無揮劍之痛，義貴於身，故臨川有投跡之哀。_{文選思玄賦註}
人事‧尚勇	又如世間勇健之人能越山渡海。_{大智度論卷三十}
人事‧和同	心和琴瑟，則言香蘭茝，道合膠漆，則志順塤箎，言和順之甚也。_{李善註文選}

人事・念故	楚昭王忘其琦履，已行三十步而還，左右曰：「何惜此？」王曰：「吾悲與之俱出，不俱返。」自是楚國無相棄者。	文選謝玄暉 辭 隋 王 牋
人事・昌後	柞之葉，新將生，故乃落於地，以喻繼世以德相承者，明也。	鄭氏箋 詩采菽
人事・乖異	夫道西行，水東流，其路背也。	京房易傳 註 訟 中
人事・乖異	尺帛斗粟尚不棄，況於兄弟，而更相逐乎？	前漢書註 淮南王傳
人事・荒縱	淇則有岸，隰則有泮，箋云：「淇與隰皆有崖岸，以自拱持，今君子放恣心意，曾無所拘制。」	鄭氏箋 詩 岷
人事・計失	王獨不見夫博乏所以貴，梟者便則食，不便則止矣，今王曰：「事始已行，不可更。」是何王之用智不如用梟也。	史記魏 世 家
人事・計失	鴟鴞堅固其巢，不知託於大樹茂樹，反敷之葦葿，風至葿折巢覆，有子則死，有卵則破。	李善註文選陳 孔璋檄吳將文
人事・失道	汙準而粉其頯，腐鼠在壇，燒薰其宮。	淮南子 說林訓
人事・悖理	寧有萍草蔓衍於九遠之道。	文選魏 都賦註
人事・貪得	上九，晉其角。	易 晉
人事・貪昧	園中有樹，其上有蟬，蟬高居悲鳴，不知螳蜋在其後也，螳蜋委身曲附，欲取蟬，而不知黃雀在其傍也，黃雀延頸欲啄螳蜋，而不知彈丸在其下也。此三者皆務欲得其前利，而不顧其後之有患也。	說苑 正諫
人事・昧禍	此屠家群牛本有千頭，屠家日日遣人出城，求好水草粆，令肥長，擇取肥者，日牽殺之，殺之過半，而餘者不覺方相觝觸，跳騰鳴吼。	法句譬喻經 一 無常品
人事・飾貌	此乃蘭形棘心，玉曜瓦質。	藝文類聚人 部 鑒 誡 誡
人事・失眞	秦時不覺無鼻之醜，陽翟憎無癭之人。	意林抱 朴 子
人事・不量	猶如鵠毛俟於爐炭，猶如蚊子與金翅鳥，捔飛遲疾，猶如小兔共師子王，捔其威力。	阿育王 傳 二
人事・無用	崔豹《古今注》曰：「鹿有角而不能觸，齊有牙而不能噬。」	埤雅品 物門鹿
人事・材害	虎豹以皮有文章見獵。	莊子音義 應 帝 王
人事・材害	蘇子曰：「蘭以芳自燒，膏以明自炳，翠以羽殃身，蚌以珠致破。」	困學紀聞 卷十諸子

君道·廣大	源泉不竭，故天下積也，而木不寡短長，人得其量，故治而不亂。^{大戴禮記子張問入官}
君道·操柄	天子盛威若燎火之陽，今政王氏，不炎熾矣。^{前漢書註敘傳述哀紀}
君道·用眾	竈五突，分煙者眾也。^{藝文類聚火部竈}
君道·戒察	故水至清則無魚，政至察則眾乖，此自然之勢也。^{晉書郭璞傳}
君道·防壅	衛靈公近癰疽，彌子瑕二人者，專君之勢，以蔽左右，復塗偵謂君曰：「昔日臣夢見君。」君曰：「子何夢？」曰：「夢見竈君。」君忿然作色曰：「吾聞夢見人君者，夢見日，今子曰：『夢見竈君而言君也。』有說則可，無說則死。」對曰：「日并燭天下者也，一物不能蔽也，若竈則不然，前之人煬之，則後之人無從見也，今臣疑人之有煬於君者也，是以夢見竈君。」^{戰國策衛靈公}
君道·擇任	鴻鵠高飛遠翔，其所恃者六翮也，背上之毛，腹下之毳，無尺寸之數，去之滿把，飛不能為之益卑，益之滿把，飛不能為之益高，不知門下左右客千人者，有六翮之用乎？將盡毛毳也。^{說苑尊賢}
君道·擇任	杖必取便，不必用味，士必任賢，何必取貴。^{廣文選劉子竣杖銘}
君道·去讒	蠅之為蟲，汙白使黑，汙黑使白，喻佞人變亂善惡也。^{鄭氏箋詩青蠅}
君道·兼收	且合升豉之微，以滿倉廩，合疏縷之綈，以成帷幕。^{晏子春秋諫下}
君道·酬功	淳于髡至鄰家，見其竈突之直而積薪在傍，謂曰：「此且有火，使為曲突而徙薪。」鄰家不聽，果焚其屋，鄰家救火乃滅，烹羊具酒謝救火者，不肯呼髡，智士譏之曰：「曲突徙薪無恩澤，焦頭爛額為上客。」蓋傷其賤本而貴末也。^{藝文類聚火部竈}
君道·致士	鳳皇往飛翽翽然，亦與眾鳥集於所止，眾鳥慕鳳皇而來，喻賢者所在，群士皆慕而往仕也。^{鄭氏箋詩卷阿}
臣術·戒隨	巧言從俗，如水轉流。^{毛詩雨無正註}
臣術·重國	猛獸之處山林，藜藿為之不採，正臣之立朝廷，姦邪為之折謀。^{隋書王韶史臣傳}
臣術·保身	吾聞狡兔以死，良犬就烹，敵國如滅，謀臣必亡。^{吳越春秋夫差內傳}
學業·精專	鼈無耳而目不可瞥，精于明也，瞽無目而耳不可以察，精于聰也。^{淮南子說林訓}
學業·不息	鍥而舍之，朽木不知，鍥而不舍，金石可虧。^{廣文選虞允文訓諸生誥}
政治·法制	日月之行，冬夏各有常道，喻君臣為政，小大各有常法。^{尚書正義洪範}

政治・法制	夫一仞之墻，民不能喻，百仞之山，童子登遊焉，凌遲故也，今其仁義之凌遲久矣，能謂民無踰乎？韓詩外傳
政治・教化	蒹葭，在眾草之中蒼蒼然彊盛，至白露凝戾為霜，則成而黃。眾民之不從襄公政令者，得周禮以教之則服。鄭氏箋詩蒹葭
政治・教化	蒲盧，養取桑蟲之子以為己子，似有德者教取王民以為己民。毛詩正義小宛
政治・號令	天下有風行君子，以號令告四方。京房易傳姤上
政治・齊禮	水行者表深，使人無陷，治民者表亂，使人無失，禮者其表衣也，先王以禮表天下之亂，今廢禮者，是去表也。荀子大略
政治・操約	一圍之木持千鈞之屋，五寸之鍵而制開闔，豈材足任哉，蓋所居要也。說苑談叢
政治・足民	螟螣，春生秋死，一出而民數年乏食，今一人耕百人食，有甚於螟螣矣，意林商君書
政治・理財	夫玉起於牛氏邊山，金起於汝漢之右洿，珠起於赤野之末光，此皆距周七千八百里，其塗遠而至難，故先王各用其重。管子地數
政治・撥亂	雪霜被而茨棘枯，橫網振而逆鱗掃。藝文類聚帝王部後漢光武帝
政治・義兵	兵誠義以誅暴君而振苦，人人之悅也，若孝子之見慈親餓隸之，遇美食號乎而走之，若強弩之射深谷也。亢倉子兵道
政治・感召	人主誅暴則多飄風，法苛則多蟲螟，殺不辜則多赤地，令不時則多淫雨。意林淮南子
政治・暴虐	暴若震靁之聲虺虺然。毛詩終風註
政治・暴虐	猛獸產乳，養護其子，則搏噬過常。前漢書註酷吏義縱傳
政治・暴虐	秦始皇酷虐百姓，如芟草積而放火焉。李善註文選東京賦
德行・謙退	良賈深藏如墟，君子有盛教如無。大戴禮記曾子制言上
德行・自修	外寬而內直，自設於隱栝之中。大戴禮記衛將軍文子
德行・甘隱	乃欲闉匽辭價，泥蟠深處，永戢琳琅之耀，匿首窮魚之渚。晉書束晳傳
德行・甘隱	或聘於莊子，莊子應其使曰：「子見夫犧牛乎？衣以文繡，食以芻菽，及其牽而入太廟，雖欲為孤犢，其可得乎？」莊子列禦寇
德行・甘隱	不結聖人之網，不黷驕君之餌也。文選任彥升到記室牋註

文章‧尚文	日月三辰，火龍黼黻，尚且著於玄象，彰乎人事，而況文辭可止，謳謌可輟乎？_{初學記文部文章}
文章‧言論	演法無畏，猶獅子吼，其所講說，乃如雷震。_{維摩詰所說經佛國品}
文章‧重質	弓先調而後求勁，馬先馴而後求良，人先信而後求能。_{淮南子說林訓}
文章‧脩詞	眾詞俱湊，若程才效伎，取捨由意，類司契為匠。_{李善註文選文賦}
文章‧文病	譬偏絃之獨張，含清唱而靡應。_{文選文賦}
文章‧戒靡	闕子曰：「魯人有好釣者，以桂為餌，鍛黃金之釣，錯以銀碧，垂翡翠之綸。」_{後漢書班彪傳註}
性理‧至虛	方舟而濟於河，有虛船來觸舟，雖有偏心之人不怒，有一人在其上，則呼張歙之，一呼而不聞，再呼而不聞，於是三呼則必以惡聲隨之，向也不怒，而今也怒，向也虛，而今也實，人能虛己以遊世，其孰能害之。_{莊子山木}
性理‧形色	乾為頭首，坤為胃腹，兌口離目，艮手震足。_{乾坤鑿度乾鑿度上}
性理‧靜定	淮南子曰：「莫鑑於流瀿，而鑑於澄水。」_{李善註文選江賦}
性理‧至人	倚於不可拔搖之柱，行於不可關閉之塗。_{淮南子精神訓}
性理‧至人	夫至人其動也天，其靜也地，其行也水流，其止也淵默，雖動靜流止之不同，其無為而自爾一也。_{郭子註莊應帝王}
物宜‧靈蟲	龍被五色而遊，故神欲小則如蠶蠋，欲大則函天地，欲上則凌雲，欲沉則伏泉。_{太平御覽鱗介部龍上}
物宜‧變化	鷹為鳩，鳩為布穀，布穀復為鷹，此物變也。_{藝文類聚鳥部鳩}
物宜‧變化	列子曰：「老韮之為莧也，老羭之為猿也，言物以老故變，有如此者。」_{埤雅卉物門莧}
物宜‧珍異	山有猛獸，林木為之不斬；園有螫虫，藜藿為之不采。_{淮南子說林訓}
物宜‧制器	鼓大而短，則其聲疾而短聞；鼓小而長，則其聲舒而遠聞。_{周禮考工記}
	部分刪節（粗體字部分）
君道‧用眾	**一井五餅，泱可立待，一竈五突，享餰十倍，分煙者眾。**_{太平御覽居處部竈}
君道‧求士	**呂尚曰：魚求於餌，乃牽其緡，人食於祿，乃服於君，故以餌取魚，魚可殺，以祿取人，人可竭，以小釣釣川而擒其魚，中釣釣國而擒其萬諸侯。**_{初學記武部漁註}

另外還有八十卷本與一百二十卷本間的更替現象，如下：

門　　類	條　　文
君道・求士	八十卷本：求留暫勞，垂拱永逸，方之疏壤，取類導川。^{梁書王}^{暕　傳}
	一百二十卷本：懼隱鱗卜祝，藏器屠保，物色關^下_委裘河上。（案：下、委二字無關注釋，當在下字斷句，即「物色關下，委裘河上」）^{梁書王}^{暕　傳}
學業・要成	八十卷本：夫學者猶種樹也，春翫其華，秋取其實。講說文章，春之華也，脩身利行，秋之實也。^{太平御覽時}^{序　部　春　下}
	一百二十卷本：夫學者猶種樹也，春玩其華，秋登其實。講論文章，春華也，修身利行，秋實也。^{顏氏家}^{訓勉學}

　　透過實際的比較，可以證實八十卷本的內容，其實與一百二十卷本差異不大，一百二十卷本所多收的條文，許多是出自於新收入的書籍，如《詩說》、《國語解》、《述異記》、《顏氏家訓》，部分是八十卷本舊有採擷的書籍而有所遺漏者，同時一百二十卷本也刪去不少相似的條文。因此，與其說八十卷本增加成一百二十卷本，不如說是經過整理後，而將八十卷析分成一百二十卷。

（二）就體例而言

1. 門類次序改易

　　以類編次的類書，大多有按「天、地、人、事、物」之次序編排的傾向，《喻林》亦承襲此一類書編纂傳統，然而，從八十卷過渡到一百二十卷，門類之次序卻有所更動，八十卷本十門之次序為「造化、人事、君道、臣術、學業、政治、德行、文章、性理、物宜」，而一百二十卷本之次序為「造化、人事、君道、臣術、德行、文章、學業、政治、性理、物宜」。此改變應是徐元太重新編次時，權衡後以為「德行」與「文章」應重於「學業」與「政治」所致。

2. 正文條目刪節

　　一百二十卷本對八十卷本的條目進行刪節，是一項頗大的差別，主要有省略轉引出處、陳言套語、連接詞、發語詞等項。

（1）或省略轉引出處

　　所謂省略轉引出處，係指《喻林》所收錄之條文，有些是轉引自其他書籍，而非原創作品，八十卷本會保留出處，而一百二十卷本則加以刪除，例如卷一〈造化

門‧形氣〉之中一條，八十卷本作：

> 楊泉《物理論》云：「夫土地皆有形名，而人莫察焉，有奄龍體，有
> 鱗鳳貌，有弓弩勢，有斗升象，有張舒形，有塞閉容，有隱真之安，有累
> 卵之危，有膏腴之利，有堚埲之害。^{事類賦地}_{部　地　註}

而一百二十卷本則省略「楊泉《物理論》云」六字。又如卷一〈造化門‧消息〉之中一條，八十卷本作：

> 《通玄經》曰：「天地極則反，盈則損，日月是也。日中則移，月滿
> 則虧，而況於人乎？」^{道德經四}_{子　集　解}

而一百二十卷本省略「《通玄經》曰」四字。

（2）或省略陳言套語

古時君臣對話，當臣子對國君有所進言，則常用「臣聞」二字為始，例如〈造化門‧自然〉，八十卷本作：

> 臣聞鳴籟受響，非有志於要風，涓流長邁，寧厝心於歸海，是以萬竅
> 怒號，不古而感應，百川是納，用卑而為寧。^{廣文選沈}_{休文連珠}

一百二十卷本則往往將「臣聞」二字刪去。

（3）或省略連接詞

省略連接詞是刪節條文中最常見者，如「故」、「是故」、「然而」、「蓋」、「是以」之類的連接詞，往往刪除，例如〈造化‧流行〉其中一則，八十卷本作：

> 是故闔戶謂之坤，闢戶謂之乾，一闔一闢謂之變，往來不窮謂之通。
> ^{易繫辭}_{上　傳}

一百二十卷本則刪去「是故」二字，又〈造化‧消息〉其中一則，八十卷本作：

> 然而道有隆窊，物有興廢，有聲有寂，有光有翳，朱陽否於素秋，玄
> 陰抑於孟春，羲和逝而望舒係，運氣匿而耀靈陳。^{蜀志郤}_{正　傳}

一百二十卷本刪「然而」二字。

（4）或省略發語詞

八十卷本在著錄條文時，通常會保留發語詞，例如〈造化‧類應〉其中一條云：

> 夫形動不生形而生影，聲動不生聲而生響。^{道德經指}_{歸卷十一}

一百二十卷本則將發語詞「夫」刪去，僅保留主要部分。

歸納正文條目刪節所得四項，標題之所以言「或」，乃是因為此現象屢見；然而並非嚴格之編纂凡例，仍可發現例外，因此，行文上言「或」，表示不全然之意。

　　由於《喻林》摘錄資料的方式，乃以「句」或「段」為單位，並非前後完整的一篇文章，也正因為上下文不全的關係，所以省略陳言套語、連接詞、發語詞等，雖有違完整性；但不致於影響內容。

　　至於省略轉引出處一項，亦如其他三者，雖然使資料不完整，不過譬喻的主要成份也猶在；但有別於其他三者，若論其最大的缺失，則當屬誤導使用者，例如一百二十卷本〈造化・倚伏〉其中一條云：「利為福始，利與害同門，福為禍先，禍與福同鄰。^{道德經四子集解}」，又如〈造化・至神〉其中一條云：「疾雷不及塞耳，疾霆不暇掩目。^{埤雅天道門雷}」由《喻林》對資料出處的著錄，可知前者出自《道德經四子集解》，而八十卷本多「《通玄經》曰」四字；後者出自《埤雅》一書，然而，八十卷本還多了「《淮南子》曰」四字。使用一百二十卷本者，當然可以得知此二筆資料分別出自《道德經四子集解》與《埤雅》，殊不知有更早的出處《通玄經》和《淮南子》，如果使用者未反查原書，則會受一百二十卷本誤導，而對原始出處無所知。

　　一百二十卷本在刊刻以及校對方面，都較八十卷本更為細緻，唯一不及八十卷本之處，就在於著錄資料的完整性。

三、一百二十卷本和《喻林一枝》

（一）就內容而言

1. 條文取裁上

　　錢寶甫在抄錄條文時，未必整條抄錄，有時會依自己的喜好而略有刪節，例如〈造化門・形氣〉，一百二十卷本作：

　　　　眾星累累如連貝，江河四海如衣帶。^{李善註文選陸士衡贈顧公真詩}

而《喻林一枝》刪「江河四海如衣帶」，僅留前句。又如〈人事・慮患〉，一百二十卷本作：

　　　　臣聞狼子有野心，仇讎之人不可親，夫虎不可餧以食，蝮蛇不恣其意，今大王捐國家之福，以饒無益之讎，棄忠臣之言，而順敵人之欲，臣必見越之破吳，豸^{疑當作豕}鹿游于姑胥之臺，荊榛蔓於宮闕。^{吳越春秋勾踐陰謀外傳}

而《喻林一枝》省略「臣聞狼子有野心，仇讎之人不可親，夫虎不可餧以食，蝮蛇不恣其意。」四句，自「今大王捐國家之福」始。

2. 各部資料存滅情形

　　《喻林一枝》刪節幅度頗大，經、史、子、集、雜皆刪除不少，其中出自史部者，偶有存錄，留下的比例，明顯較一百二十卷本為少；而原本出自經部的資料尤

甚，刪除殆盡。

3. 出處著錄內容

條文出處的著錄上，《喻林一枝》有時會出現一百二十卷本所沒有的資料，例如〈造化‧形氣〉，一百二十卷本作：

地東西爲緯，南北爲經，山爲積德，川爲積形，高者爲生，下者爲死，丘陵爲牡，川谷爲牝。^{事類賦地部地註}

而《喻林一枝》對於此條文出處的著錄則作：「事類賦地部家語」。一百二十卷本並未提到《家語》，而《喻林一枝》卻於出處補入《家語》，應該是錢寶甫反查出處後，自行所補入。又如又〈人事‧自取〉，一百二十卷本作：

空閎^{一作門}來風，桐乳致巢，此以其能苦其性者。^{困學紀聞卷十諸子}

而《喻林一枝》則著錄作「莊子逸篇」，此則資料乃是取自《困學紀聞‧諸子》當中的「莊子逸篇」，《喻林一枝》著錄如此，亦可證明是錢寶甫反查資料所致。

4. 自行增益注解

《喻林》當中注有字義及板本差異之處，多是迻錄而來，相較之下，《喻林一枝》除了迻錄，更有多處爲錢寶甫自行注解者，字音、字義、其他出處俱有，經筆者檢視全書之後，將錢寶甫所增之處，茲條列於下：

門　類	條　文
人事‧審宜	白圭新與惠子相見也，惠子說之以彊，白圭無以應。惠子出，白圭告人曰：「人有新取婦者，婦至宜安矜，烟視媚行，豎子操蕉火而鉅，新婦曰：『蕉火大鉅入于門』，門中有斂^{斂讀曰斂}陷，新婦曰：『塞之，將傷人之足，此非不便之家氏也，然而有大甚者』今惠子之遇我尚新其說，我有大甚者。^{呂氏春秋不屈}
人事‧考僞	今劍或絕側羸文，齧缺卷鈍，而稱以頃襄^{楚頃襄王也}之劍則貴；人爭帶之琴，或撥刺枉撓，闕解漏越，而稱以楚莊之琴，側室爭鼓之。苗山之鋌，羊頭之銷，雖水斷龍舟，陸剸兕甲，莫之服帶；山桐之琴，澗梓之腹，雖鳴廉（案：《一枝》廉字下多「隅」字），脩營唐牙，莫之鼓也。^{淮南子脩務訓}
人事‧心隱	心所說，毀舟爲杕^{舟尾也}；心所欲，毀鐘爲鐸。^{淮南子說林訓}
人事‧戒泥	藥生非一地，太白^{白疑作伯}釂之吳，鑄多非一工，世稱楚棠溪，溫氣天下有路，畏入南海。^{王充論衡言毒篇}

人事・計失	昌羊去蚤虱而來蛉窮[蛉窮虰蜓入耳之蟲也]，除小害而致大賊，欲小快而害大利。	淮南子說林訓
君道・求士	一目之羅不可以得鳥，無餌之釣不可以得魚，遇士無禮不可以得賢。[淮南子說林訓○一目羅文選注引文子云云]	
君道・瑞應	苑戲九尾之禽，囿棲三足之鳥，鳴鳳在林，夥于黃帝之園，有龍游川，盈于孔甲之沼。[晉書潘岳傳○又見張景陽七命]	
學業・求明	不知而問，堯舜無有而求天府，先王之道則堯舜已，六貳之博則天府已。[荀子大略○楊倞註云求財子六貳之博得之不窮故曰大府六貳之博即六博也○謝校本云貳當作藝聲之誤也即六經也]	
政治・風俗	影鷁冠于鄭伯之門，躡珠履于春申之第。[晉書輿服志○影音票]	
政治・風俗	慕之者猶宵蟲之赴明燭，學之者猶輕毛之應飆風。[抱朴子外篇疾謬○飆音標，暴風，自下而上也]	
政治・征伐	午遇[讀為迂也]其軍，取其將，若撥虋。[虋，麥之牙蘗，至脆弱，故以喻之。若撥虋，如以手撥虋也○荀子富國]	
政治・暴虐	熊罷屬爪，蓄攫裂[裂與烈同，與裂通，前漢書王莽傳：「軍人分烈，莽身支節。」]之心；虎豹摩牙，起吞噬之憤。[宋書沈攸之傳]	

（二）就體例而言

1. 喻林書目

　　一百二十卷本書前有總目錄，各冊各卷前則無；而《喻林一枝》則反之，沒有總目錄；但在各卷（冊）之前，有該卷（冊）的目錄。

　　《喻林一枝》將一百二十卷的《喻林》節為六卷；但並非規律地將二十卷縮為一卷，卷次分合的情形，可以下表對照：

喻林一枝	喻　　　林	備　　　註
卷　一	卷一～卷二十	《喻林》卷二十之〈道塞〉、〈逆難〉、〈易成〉、〈難成〉，《喻林一枝》入卷二
卷　二	卷二十一～卷三十五	
卷　三	卷三十六～卷五十	
卷　四	卷五十一～卷七十八	
卷　五	卷七十九～卷九十八	
卷　六	卷九十九～卷一百二十	

2. 出處著錄方式

（1）簡　化

大致而言，《喻林一枝》的體例仍依循《喻林》，而資料出處的著錄方式，偶見簡化的現象，例如〈造化‧所主〉，一百二十卷本作：

　　火爲坤母，巽爲離父，金乃坤孫。^{乾坤鑿度}_{坤　鑿　度}

《喻林一枝》的出處著錄，則省略了《乾坤鑿度》，只留下〈坤鑿度〉。又〈造化‧至大〉，一百二十卷本作：

　　　時有俊風，俊者，大也，大風，南風也，何大於南風也？曰：「合冰
　　必於南風，解冰必於南風，生必於南風，收必於南風，故大之也。^{大戴禮記}_{夏　小　正}

《喻林一枝》出處的著錄，省略書名《大戴禮記》，僅留「夏小正」。

（2）改　易

〈造化‧盛德〉一百二十卷本作：

　　《孝經援神契》曰：「五岳之精雄聖，四瀆之精仁明。^{李善註文選蔡}_{伯喈太丘碑文}

而《喻林一枝》作：

　　五岳之精雄聖，四瀆之精仁明。^{孝經援}_{神　契}

改以《孝經援神契》爲出處。

小　結

在時代風氣與個人因素的交互影響之下，促成《喻林》成書，而一百二十卷本的《喻林》，並非一蹴可幾，而是經五十卷本、八十卷本的蛻變，乃至於一百二十卷本的風貌，而且，數部節本以及相關題名著作的完成，更讓「喻林系」的類書呈現多樣化，板本發展的脈絡，清晰可見。

現代影印本的問世，給予使用者及研究人員莫大方便，早年魯迅已注意此書；然苦於沒有影印本，而發「卷帙繁重，不易得之」之嘆。萬曆四十三年刊本及文淵閣、文津閣本相繼影印出版，對《喻林》的流傳，貢獻甚大。

透過實際板本的比較，可以破除「八十卷本」與「一百二十卷本」卷數上差異的迷思，並且對板本之間的異同，能有更爲精確的認識及掌握。

第三章 《喻林》之體制

　　《喻林》是一部類書，是一種工具書，工具書在體制的安排上，通常會較一般性的書籍更繁複，也更具有系統性。《喻林》在體制上，既有所承襲，也有所創新。本章共分〈源流考述〉、〈門類、內文與出處之安排〉以及〈其他〉三節，對《喻林》承襲與創新之處，以及書中所採用的體制，加以闡述。

第一節　源流考述

　　關於《喻林》體制的源流，在《四庫全書總目》的提要中，已有初步的揭示，其云：

> 《喻林》一百二十卷，明徐元太撰……是書採摭古人設譬之詞，彙為一編，分十門，每門又各分子目，凡五百八十餘類，歷二十餘年而後成，用心頗為勤至。其引書用程大昌《演繁露》之例，皆於條下註明出處，併篇目卷第，一一臚載，亦迥異明人剽竊撏撦之習。〔註1〕

　　由《四庫全書總目》這段提要可知，《喻林》出處注明的體例，乃是上承自（宋）程大昌《演繁露》一書而來。

　　再考《四庫全書總目·子部·雜家類·演繁露》之提要云：

> （《演繁露》十六卷、《續演繁露》六卷）宋程大昌撰……所引諸書，用李匡乂《資暇集》引《通典》例，多註出某書某卷，倘有譌舛，易於尋檢，亦可為援據之法。其書正編不分類，續編分制度、文類、詩事、談助

〔註1〕 （清）永瑢、紀昀等《四庫全書總目》（北京：中華書局，1965年6月）影印浙江本，頁1154。

四門。〔註2〕

《四庫全書總目》這段提要以爲《演繁露》及《續演繁露》出處的體例，是用李匡乂《資暇集》引《通典》之例，而多注明出於某書某卷；然而細察《資暇集》，未見其引《通典》之文，且於條文之末另標出處者，僅於「成服」一條得見：

> 【成服】三日成服之制，聖人斷決，著在不刊之經，無敢踰之矣。今或見不詳典禮，取信武師，有至五日之僭者。夫禮等於天，實崇大之事也，非小生所宜該，但以前序從朝故略舉。此見《禮記》第十八卷〔註3〕

《四庫全書總目》之說，有待商榷。

考《資暇集》、《續演繁露》及《喻林》三書，體例存有異同，就分類上，《資暇集》凡十六卷，分卷不分類；而《續演繁露》分制度、文類、詩事（續詩事合併計算）、談助四門，《喻林》與此方式相當類似，故《喻林》的體制參考《續演繁露》尤多。

就出處注明上，由於《資暇集》隸屬子部雜家類，主要考訂舊文及掌故，多數未注明出處，或散見於條文之中，如「問馬」條：

> 【問馬】「傷人乎？不問馬」今亦爲韓文公讀不爲否，言仁者聖之亞，聖人豈仁於人，不仁於馬？故貴人所以前問，賤畜所以後問。然而乎字下豈更有助詞，斯亦曲矣，況又非韓公所訓。按：陸氏《釋文》已云，一讀至不字句絕，則知以不爲否，其來尚矣。誠以不爲否，則宜至乎字句絕，不字自爲一句，何者？夫子問：「傷人乎？」，乃下曰：「否。」既不傷人，然後問馬，又別爲一讀，豈不愈於陸云乎？〔註4〕

言「傷人乎不問馬」的句讀方式，在陸德明《經典釋文》之中已有此說。

《續演繁露》於條文之末另標出處者，較《資暇集》略多，至《喻林》方逐條標明出處，體例上較《資暇集》、《續演繁露》嚴謹許多。

雖然《喻林》出處體制之所由自，依《四庫全書總目》之說是承自《續演繁露》及《資暇集》；然未見直接證據，可供證明如其之說，抑或改良自其他類書。不過，由此仍可得知《喻林》出處注明的體例，並非自行創新者，實自唐而宋，自宋而明，相承而來。

〔註2〕 同前注，頁1020。
〔註3〕 （唐）李匡乂《資暇集》卷中，收錄於《叢書集成簡編》（臺北：臺灣商務印書館，民國54年（1965））第118冊，頁13。
〔註4〕 同前注，卷上，頁4。

第二節 門類、內文與出處之安排

門類及內文的安排，是每一部類書共同的課題；然而每一部類書彼此之間，或多或少，又存有差異。出處的安排則是《喻林》自始至終都普遍存有的一項體例。因此，此節主要著重在介紹《喻林》之門類、內文及出處安排三項，屬於一般性的體例。

一、門類之安排

類書分門別類，其所排列的順序，可以反映編纂者的偏好或其重視之處，例如唐朝歐陽詢等奉敕編纂的《藝文類聚》，分類上以天、地、人、事、物爲序，凸顯敬天的觀念，這種以天地爲尊的觀念，深植人心，而「天、地、人、事、物」的排列方式，也被後世類書取法，歷代均有沿用之者。

《喻林》分造化、人事、君道、臣術、德行、政治、學業、文章、性理、物宜十門，從八十卷過渡到一百二十卷，門類次序雖有調整，但仍不悖天、地、人、事、物的順序。

另外，《喻林》既然是一部類書，「分類」是一項不可或缺的工作。以分類的層次而論，馮浩菲先生將類書分爲「單目體類書」、「雙目體類書」和「多目體類書」三種。其定義爲：

> 單目體類書只有一標目，分大門類，每個標目之下編列有關資料，一目一條，連綴成書。如《白孔六帖》100卷，每卷分若干目，如卷一分天、地、日、月、星、明天文、晨夜、律曆8目……雙目體類書由二級標目體系構成，有大門目，有子目。各個大門目所包括的子目均不相同，各個子目縱繫於相關的大門目之下。……多目體類書由三級以上的標目體系構成。〔註5〕

在分類架構上，《喻林》採用「門──子目」的二級分類方式，也就是馮浩菲先生所謂的「雙目體類書」，此與中國古今多數類書一致，例如《北堂書鈔》、《藝文類聚》、《初學記》、《冊府元龜》、《事文類聚》均分爲「部──子目」二級；《太平御覽》大致相同（少數分爲部──子目──細目）；《海錄碎事》分「部──門」；《經濟類編》分「類──子目」，名稱雖有不同，同樣是二級分類。

二、內文之安排

有關內文先後之安排，則涉及「緯目」的建立。以《喻林》而言，「門──子目」

〔註5〕馮浩菲《中國古籍整理體式研究》（北京：高等教育出版社，2003年7月），頁302～304。

這種有層次性的架構，稱之爲「經目」，相對於經目，內文橫向的編排，則稱之爲「緯目」。最早明確建立緯目的類書，當屬《藝文類聚》，此書可以明確地在每一類的子目之中，區分出「事類」和「詩文」二大部分；《事文類聚》進一步區分出「群書要語」、「詩句」、「古今事實」和「古今文集」四項緯目；而《古今圖書集成》更析分成「彙考」、「總論」、「圖」、「表」、「列傳」、「藝文」、「選句」、「紀事」、「雜錄」、「外編」十項。〔註6〕

《喻林》的緯目，沒有明確標示出，可以說是隱性的緯目；但每一子目之中，諸條資料排列的順序，則與書前「採摭書目」的順序相呼應，以經、史、子、集、雜（藏）爲序，有條不紊，其緯目是明顯存在的。

《喻林》的內文，不像《事文類聚》、《錦繡萬花谷》、《海錄碎事》等，在每一則前有小標題，《喻林》每則前沒有小標題，只是在一類子目之下，諸條文依序鱗比，而單一則資料的安排，內容在前，出處在後。

《喻林》的分類架構，表解如下：

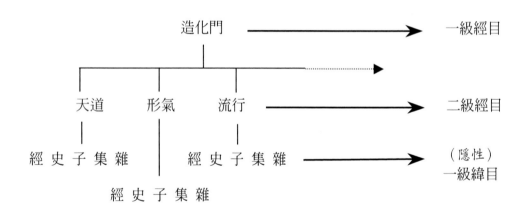

三、出處注明方式

在每一條資料之下注明出處，是《喻林》一貫的體例，出處的注明方式，主要是採書名加篇名二級制，尤其書名，每條資料必有之，可說是《喻林》的定式，另外部分出處的注明方式則有所不同，有單級制，也有三級制。倘若資料是出自於註文，則會添「註」字以明之。茲將出處的各種注明方式，分述如下：

<hr />

〔註 6〕 此緯目根據裴芹《古今圖書集成研究》（北京：北京圖書館出版社，2001 年 12 月），頁 45。

（一）「書名——篇名」例

書名加篇名之二級制，是《喻林》出處注明的正例，例如〈人事門·爭讓〉：

> 夫好利而欲得者，此人之情性也，假之有弟兄資財而分者，且順情性，
> 好利而欲得，若是則兄弟相拂奪矣；且化禮義之文理，若是則讓乎國人矣，
> 故順情性則弟兄爭矣，化禮義則讓乎國人矣。^{荀子性}惡 篇〔註7〕

至於《周易》分六十四卦；《左傳》以編年記事；史書某傳；佛經某品，雖不以「篇」
爲名，然實質分類則近似，因此不加別立一類，而統之於「書名——篇名」例。

（二）「書名——篇名——註」例

如〈人事·審宜〉：

> 魚潛於淵，出水呴沫，何則？物有本性，不可橫處非分也。^{吳志王}蕃傳註〔註8〕

（三）「書名——部（門）類——子目」例

此種注明方式，專用於轉引其他類書資料時。多數類書的分類結構，乃採部
（門）類、子目二級制，《喻林》在注明出處時，會反映原類書的分類，例如〈人
事·觀人〉：

> 兩目不相爲視，昔吳有二人，共評玉者，一人曰好，一人曰醜，久之
> 不決，二人各曰：「尒可求（案：《太平御覽》作「來」）入吾目中，則好
> 醜分矣。士有定形，二人察之有得失，非苟相反，眼睛異耳。^{太平御覽}人事部目〔註9〕

（四）「書名——部（門）類——子目——註」例

類書有注文者，爲數不多。此例在《喻林》中出現最頻繁者，當屬《事類賦》，
例如〈人事·尙實〉：

> 薄冰凝池，非登廟之寶；零露垂珠，非綴冕之飾，必將採素璧於層山，
> 掇圓珠於重潤。^{事類賦地}部 冰 註〔註10〕

（五）「書名——卷次」例

書名加上卷次的情形，以出自於佛經最爲頻繁，例如〈人事·除害〉：

> 譬如有王，以四毒蛇，盛之一篋，令人養食，瞻視臥起，摩洗其身，
> 若令一蛇生瞋恚者，我當准法，戮之都市。爾時其人聞王切令，心生惶怖，
> 捨篋逃走，王時復遣五旃陀羅，拔刀隨後，其人迴顧，見後五人，遂自捨

〔註 7〕一百二十卷本《喻林》（臺北：新興書局，民國 61 年（1972）1 月），頁 237。
〔註 8〕同前注，頁 601。
〔註 9〕同前注，頁 472。
〔註 10〕同前注，頁 543～544。

去。是時五人以惡方便，藏所持刀，密遣一人詐爲親善而語之，曰：「汝
可還來。」其人不信，投一聚落，欲自隱匿，既入聚中，闚看諸舍，都不
見人，執持缸器，悉空無物，既不見人，求物不得，即便坐地，聞空中聲，
咄哉男子，此聚空曠，無有居民，今夜當有六大賊來，汝設遇者，命終今
（案：周叔迦、蘇晉仁校注本作「命將不全」），汝當云何而得免之。爾時
其人恐怖遂增，復捨而去，路值一河，其水漂急，無有船筏，以恐畏故，
即取種種草木爲筏，復更思惟：「我設住此，當爲毒蛇、五旃陀羅、一詐
親者及六大賊之所危害，若度此河，筏不可依，當沒水死，寧沒水死，終
不爲彼蛇、賊所害。」即推草筏，置之水中，身倚其上，手把腳踏，截流
而去，即達彼岸，安隱無患，心意泰然，怖懼消除。^{法苑珠林}

此體例乃徐元太所改，非原書所有，以此則爲例，在《法苑珠林》中，隸於〈怨
苦篇·五陰部〉之下，而徐元太僅列卷次。又如龍樹菩薩 著，鳩摩羅什 譯《大智
度論》，原書一百卷，每卷之中，又分成數篇，如卷十一中，有「釋初品中舍利弗因
緣」、「釋初品中檀波羅蜜義」、「釋初品中讚檀波羅蜜義」、「釋初品中檀相義」和「釋
初品中檀波羅蜜法施」五篇，而《喻林》著錄《大智度論》的資料時，亦徒留卷次
而已。

（六）「僅書名」例

部分出處的注明，僅有書名而已，例如〈德行·孝弟〉引《孝經》：

昔者明王以孝治天下，不敢遺小國之臣，而況於公侯伯子男乎，故得
萬國之懽心，以事其先王，治國者不侮於鰥寡，而況於士民乎，故得百姓
之懽心，以事其先君，治家者不敢失於臣妾，而況於妻子乎，故得人之懽
心，以事其親。^孝

此體例大抵是原書篇幅較小者，所以往往只著書名，例如《韓詩外傳》、《孝經》、
《西昇經》、《華陽國志》、《參同契》、《釋名》、《書品》以及〈大學〉、〈中庸〉等（案：
徐元太將〈大學〉、〈中庸〉視爲二書，而不併入《禮記》之中）。

然而《韓詩外傳》多數只有書名，少部分卻添增卷數，體例未全然統一，如〈人
事·待人〉：

子路曰：「人善我，我亦善之；人不善我，我不善之。」子貢曰：「人
善我，我亦善之；人不善我，我則引之進退而已耳。」顏回曰：「我善我，

〔註11〕同前注，頁373～375。

〔註12〕同前注，頁3635～3636。

我亦善之；人不善我，我亦善之。」三子所持各異，問於夫子，夫子曰：
「由之所持，蠻貊之言也；賜之所言，朋友之言也；回之所言，親屬之言
也。」詩曰：「人而無良，我以爲兄。」^{韓詩外
傳卷九}〔註13〕

（七）「作者──書名──篇名」例

少數出處的注明，尚會冠上作者，例如〈人事‧考僞〉：

> 誘以僞成之名，懼以虛至之謗，使人憧憧乎得亡，慨慨而不定，喪其
> 故性而不自知其迷也，咸相與祖述其業而寵狎之，斯術之於斯民也，猶內
> 關之疾也，非有痛癢煩苛於身，情志慧然不覺疾之已深也，然而期日既至，
> 則血氣暴竭，故內關之疾，疾之中夭，而扁鵲之所甚惡也，以盧醫不能別，
> 而遷之者不能攻也。^{徐幹中
論考僞}〔註14〕

除了徐幹《中論》之外，劉劭《人物志》以及王充《論衡》亦有相同的體例。

（八）「書名──卷次──篇名」例

《喻林》之中，使用此體例者，唯（宋）王應麟《困學紀聞》一書而已，例如
〈人事‧好名〉：

> 楚有直躬者，其父竊羊，而謁之上，上執而將誅之，直躬者請代之，
> 將誅矣，告吏曰：「父竊羊而謁之，不亦信乎？父誅而代之，不亦孝乎？
> 信且孝而誅之，國將有不誅者乎？」荊王聞之，乃不誅也。孔子聞之，曰：
> 「異哉直躬之爲信也，一父而載取名焉。」故直躬之信，不若無信。^{困學紀聞
卷七論語}

〔註15〕

此體例乃依循《困學紀聞》固有者。然而，將《困學紀聞》與分篇結構近似的
佛經《大智度論》相較，《困學紀聞》的篇幅尚不及《大智度論》，而著錄方式卻較
《大智度論》詳細，這是徐元太一貫重視儒家的態度，所造成之現象。

（九）「書名──作者──作品篇名」例

此體例宜分爲「書名」、「作者──作品篇名」兩部分，此「作者」指的是「作
品篇名」的撰人，而非書籍的纂者。此體例之「書名」輒爲總集。條文出於《昭明
文選》、《文苑英華》、《廣文選》之儔者，多從此例，例如〈人事‧養生〉：

> 且豆令人重，榆令人瞑，合歡蠲忿，萱草忘憂，愚智所共知也。薰辛
> 害目，豚魚不養，常世所識也。蝨處頭而黑，麝食柏而香，頸處險而癭，

〔註13〕同前注，頁478～479。
〔註14〕同前注，頁645。
〔註15〕同前注，頁857～858。

齒居晉而黃，推此而言，凡所食之氣，蒸性染食（案：胡克家考異本作
「身」），莫不相應，豈惟蒸之使重而無使輕，害之使闇而無使明，薰之使
黃而無使堅，芬之使香而無使延哉？故神農曰：「上藥養命，中藥養性」
者，誠知性命之理，因輔養以通也。^{文選嵇叔} ^{夜養生論}〔註16〕

以《昭明文選》而言，全書先以文體作爲分類依據，再將「作者——作品篇名」
繫於該文體之下，徐元太使用《昭明文選》的資料時，則是省略文體名稱，只保留
「作者——作品篇名」。由於自篇名大致可以判斷文體，因此徐元太此作法，並不影
響查尋上的方便與否。《文苑英華》乃接續《昭明文選》之書，同樣先以文體分類，
爲數三十八，再依天、地、人、事、物的順序，分爲若干子目，最後將「作品篇名
——作者」繫於子目之下；《廣文選》的體例與《文苑英華》相仿。《喻林》引用《廣
文選》及《文苑英華》之資料，出處所採用的體例非原書所有，應該是徐元太所調
整，而欲與《昭明文選》一致。

第三節　其　他

一、收錄《詩經》有大圈的分章記號

《喻林》的條文一般而言沒有圈點斷句；但如果是出自於《詩經》的條文，則
有大圈圈「○」的記號，爲每章作一區隔，例如〈人事・好德〉：

菁菁^{音精}者莪，在彼中阿，既見君子，樂且有儀○菁菁者莪，在彼中沚，
既見君子，我心且喜○菁菁者莪，在彼中陵，既見君子，錫我百朋○汎汎
揚舟，載沉載浮，既見君子，我心則體。^{詩小雅菁} ^{菁 者 莪}〔註17〕

又〈人事・婚媾〉：

桃之夭夭，灼灼其華，之子于歸，宜其室家○桃之夭夭，有蕡^{音文}其
實，之子于歸，宜其家室○桃之夭夭，其葉蓁蓁，之子于歸，宜其家人。
^{詩國風} ^{桃　夭}〔註18〕

此外，如果標注字音正好在文末，與出處接續時，亦會添加「○」的記號以區
別二者，例如〈君道・敬臣〉：

〔註16〕同前注，頁752。
〔註17〕同前注，頁450～451。
〔註18〕同前注，頁256。

呦呦^{音幽}鹿鳴，食野之苹○呦呦鹿鳴，食野之蒿○呦呦鹿鳴，食野之芩。

音琴○詩
小雅鹿鳴〔註19〕

二、標注字音

前《詩經》的例子，也有數處注出直音或是反切，除了《詩經》之外，在《十三經》之中，注有直音或反切的例子頗爲常見，例如〈物宜門・珍異〉引《爾雅》云：

馬八尺爲駴^{音戎}，牛七尺爲犉^{閭旬切}，羊六尺爲羬^{五咸切}，彘五尺爲豜^{音厄}，狗

四尺爲獒^{五刀切}，雞三尺爲鶤^{音昆}○爾　雅〔註20〕

《喻林》標注字音的方式，經分析有直音、反切和標注聲調三種，分別舉例如下：

1. 直音例

《喻林》之中，直音的表示方式有四種：

（1）在字後注明「音X」

如〈人事門・婚媾〉中之條文云：

藝麻如之何，衡^{音橫}從^{音宗}其畞，取^{去聲}妻如之何，必告^{音谷}父母。^{詩國風南　山}〔註21〕

「衡^{音橫}、從^{音宗}、告^{音谷}」三字即是，此種類型是直音法中最常見者。

（2）省略「音」字，直接附上單一個同音字

如〈文章門・言論〉：

氾論者，所以箴縷繆茱^{戀煞}之間，攗^先挈屑呪哇齷齪之郄^隙也。^{淮南子要　略}〔註22〕

「繆茱」、「戀煞」、「攗先」、「挈屑」、「呪哇」、「齷齪」和「郄隙」，小字部分都是直音注音。

又如〈造化・有無〉

有有者，言萬物摻^參落，根莖枝葉青蔥苓龍，萑委菑戶炫煌，蠉飛蝡動，蚑行喙息，可切循把握而有數量，有無者，視之不見其形，聽之不聞其聲，捫^門之不可得也，望之不可極也，諸與扈冶，浩浩翰汙瀚，不可隱

〔註19〕同前注，頁 3267。
〔註20〕同前注，頁 5367。
〔註21〕同前注，頁 258。
〔註22〕同前注，頁 3978。

儀揆度，而通光耀者。^{淮南子
俶眞訓}〔註23〕

（3）在字後注明「與 X 同」的形式

如〈德行門・孝弟〉：

睍^{與演
同} 睆^{與莞
同} 黃鳥，載好其音，有子七人，莫慰母心。^{詩國風
凱　風}〔註24〕

（4）在字後注明「讀曰 X」之形式

如〈臣術・相道〉：

今將軍規橅^{讀曰
模} 云：「若管晏而體遂行日仄至周召乃留乎？」^{前漢書蕭
望之傳}〔註25〕

2. 反切例

反切和直音都是《喻林》常用的注音方式，不過《喻林》的反切名稱卻沒有統一，或作「XX 切」，或作「XX 反」，前者如〈人事・審宜〉：

今夫挽車者，前呼邪軒^{火乎
切}，後亦應之，此挽車勸力之歌也，雖鄭衛胡楚之音，不若此義也。^{文子
微明}〔註26〕

後者如〈德行・孝弟〉：

棠棣之華，鄂^{五各
反} 不韡韡^{音
偉}，凡今之人，莫如兄弟。^{詩小雅
棠　棣}

3. 標注聲調例

標注聲調的方式，在《喻林》中算是少數，例如〈人事門・婚媾〉引《詩經・伐柯》云：

伐柯如何，匪斧不克，取^{去
聲}妻如何，匪媒不得。^{詩國風
伐　柯}〔註27〕

又如〈臣術・得君〉：

裳裳者華，其葉湑^{上
聲}兮，我覯之子，我心寫兮，我心寫兮，是以有譽處兮〇裳裳者華，芸其黃矣，我覯之子，維其有章矣，維其有章矣，是以有慶矣〇裳裳者華，或黃或白，我覯之子，乘其四駱，乘其四駱，六轡沃若。^{詩小雅裳
裳者華}

三、注有字義

此部分並不普遍，且未集中於一書或一類之書中，字義的解釋說明如卷三〈人

〔註23〕同前注，頁 137～138。
〔註24〕同前注，頁 3629。
〔註25〕同前注，頁 3578。
〔註26〕同前注，頁 604。
〔註27〕同前注，頁 258。

事門‧婚媾〉引《詩經‧國風‧衡門》云：

> 豈其食魚，必河之魴﹝音房﹞，豈其取﹝音娶﹞妻，必齊之姜﹝賦也姜齊姓﹞○豈其食魚，必河之鯉，豈其取妻，必宋之子。﹝詩國風衡門﹞〔註28〕

於「必齊之姜」句下，注明「賦也」的寫作方式，以及解釋「姜，齊姓」。又如〈政治門‧法制〉：

> 人君者，覆載萬民而兼有之，燭臨萬族而事使之，是故以天地日月四時為主為箕﹝音質竹器所以量物﹞，以治天下。﹝管子版法解﹞〔註29〕

即自注「箕」是「竹器，所以量物」，說明材質與用途。

經筆者綜覽《喻林》全書後，將書中注有字義之條文，茲錄於下：

門　類	條　文
人事‧婚媾	豈其食魚，必河之魴﹝音房﹞，豈其取﹝音娶﹞妻，必齊之姜﹝賦也姜齊姓﹞○豈其食魚，必河之鯉，豈其取妻，必宋之子。﹝詩國風衡門﹞
人事‧譏調	仕進不止執虎子﹝虎子溲器也侍中省起居故謂之執虎子﹞，蘇笑曰：「我誠不能效汝謇謇驅鹿車馳也。」﹝何氏語林排調﹞
人事‧譏調	師慧過宋朝將私﹝小便﹞焉，其相曰：「朝也。」慧曰：「無人焉。」相曰：「朝也，何故無人？」慧曰：「必無人焉，若猶有人，豈其以千乘之相，易偍樂之矇，必無人焉，故也。」﹝左傳襄公十有五年﹞
人事‧託比	板則紫柏，杵則木瓜，何斯材而斯用也﹝用言築城﹞，草則離離靡靡，緣岡而殖，但使十步而有一芳，余亦何辭間於荊棘。﹝何氏語林言志﹞
人事‧隱語	吳申叔儀乞糧於公孫有山氏曰：「佩玉蘂兮余無所繫之，旨酒一盛兮余與褐之。」父睨之對曰：「梁則無矣，麤則有之，若登首山以呼曰庚﹝西方主穀﹞癸﹝北方主水﹞乎則諾。」﹝左傳哀公十三年﹞
人事‧慮患	臣聞狼子有野心，仇讐之人不可親，夫虎不可餧以食，蝮蛇不恣其意，今大王捐國家之福，以饒無益之讐，棄忠臣之言，而順敵人之欲，臣必見越之破吳，豸﹝疑當作豕﹞鹿游于姑胥之臺，荊榛蔓於宮闕。﹝吳越春秋勾踐陰謀外傳﹞
人事‧道塞	蒙季陵于仲石瘞于泉烋﹝音萃進也﹞靡適厄﹝音衣退也﹞靡旋傳曰：「季陵于仲弟在兄上也，石瘞于泉山，在水下也，烋靡適而礙山也，厄靡旋退而阻險也。」﹝元包仲陰﹞

〔註28〕同前注，頁258。
〔註29〕同前注，頁4445。

人事・審勢	堂上不糞則郊草不瞻曠芸，白刃捍乎胷則目不見流矢，拔戟加乎首則十指不辭斷，非不以此為務也，疾養緩急之有相先者也。 養與癢同○ 荀子彊國
人事・勢然	資衰苴杖者不聽樂，非耳不能聞也，服使然也；黼衣黻裳者不茹葷，非口不能味也，服使然也。 資齊同○ 荀子哀公
人事・勢然	益風從于雷趾孚_{平表切}丞也于髀_{補爾切}傳曰：「風從于雷，獲其所也，趾孚于髀，得其宜也。 元包 孟陰
人事・分量	山岳有饒然後百姓澹字_{古瞻}，河海有潤然後民取足焉，夫尋常之汙不能溉陂澤，丘阜之水不能成宮室，小不能苞大，少不能澹多。 鹽鐵論 貧富
人事・勝人	莊子謂惠子曰：「羊溝_{鬥雞處}之雞，三歲為秣_{秣魁師也}，相者視之，則非良雞也，然敗以勝人者，以貍膏塗其頭。 雞畏貍故也○ 事文類聚鬥雞
人事・危困	蹇縈_{音蹇}困_{古淵字}屵_{音業}顛_{音顛}尹_{音隱}麾_{退也}兓_{進也}麾遷憩於險間，愀然很_{很同然}然，傳曰：「縈困困水之深也，屵顛顛山之高也，尹麾返礙乎山也，兓麾遷限乎險也。 元包 少陰
人事・隱禍	次八，狼盈口，矢_{夭即矢字}在其後，測曰：「狼盈口，不顧害也。」 太玄經 第二爭
人事・和同	泰夼_{音昊}入于困_{古淵字}，回浮于玄。傳曰：「夼入于困，天氣降也，回浮于玄，地氣騰也。」 元包 太陰
人事・各得	聖人之道，猶中衢而致尊，邪過者，斟酌多少不同，各得其所宜_{是故得一人}，所以得百人也。 淮南子 繆稱訓
人事・昏暗	次三，師或導射豚_{遁也}其埻_{準射的也}。測曰：「師或導謝，無以辨也。」 太玄經 第六晉
人事・混淆	竊華名者，螻蜥騰於雲霄；失實賈者，翠虹淪乎九泉，於是斥鷃凌風以高奮，靈鳳卷翮以幽戢，鉛鋒充太阿之寶，犬羊佻_{敕高切獨行貌}虎狼之資矣。 抱朴子外 篇名實
人事・譽失	九州多山，而華岱為獄；四方多川，而江河為瀆者，華岱高而江河大也，長生_{人名}姓周州郡高大者，同姓之伯賢，舍而譽他族之孟，未為得也。 王充論衡 超奇篇
人事・無益	次八，蚤虱之奻字_{即疏}屬，測曰：「蚤虱之，不足賴也。」 扶疏之義○ 太玄經第一
君道・戒侈	川源不能實漏巵，山海不能澹字_{古瞻}溪壑。 鹽鐵論 本議
君道・擇任	平原之隰，奚有於高；大山之隈，奚有於深；訾_{毀賢也}訿_{譽惡也}之人，勿與任大。 管子 形勢

臣術・相道	三公象五岳，在天法三能。_{能即台也○李善註文選盧子諒贈劉琨詩}
德行・大成	譬如摩訶迦良那藥蘇_{隋言大眞藥蘇}取種種藥味，力煎其內，或有辛，或有苦，或有酢，或有鹹，或有淡，或有甜，取諸味，已入體成熟色香等味，取已彼蘇體捨移而成藥味。_{大寶積經一百九}
文章・精專	好書者眾矣，而倉頡獨傳者一也；好稼者眾矣，而后稷獨傳者一也；好樂者眾矣，而夔獨傳者一也；好義者眾矣，而舜獨傳者一也。倕作弓，浮游作矢，而羿精於射奚？仲作車乘，杜作乘馬，而造父精於御，自古及今，未嘗有兩而能精者也，曾子曰：「是視_{當作}其庭可以搏鼠，惡能與我歌矣。」_{荀子解蔽}
政治・法制	火之煇也固定上爲天下者用牧。_{牧謂法也○汲家周書周祝解}
政治・法制	人君者，覆載萬民而兼有之，燭臨萬族而事使之，是故以天地日月四時爲主爲筭_{音質竹器所以量物}，以治天下。_{管子版法解}
政治・文武	五行殊性，俱爲人用，文武異材，竝爲大益，猶救火者，或提盆桮，或挈瓶_{瓶容一斗盂}，其器方圓形體雖返，名質相乖，至於盛水滅火，功亦齊焉。繳者身仰，釣者身俯，俯仰別狀，取利同焉。職者漸進，耕者漸退，進退異勢，成務等焉。墨子救宋，重趼而行；干木在魏，身不下堂，行止異跡，存國一焉。文以讚治，武以凌敵，移捨殊律，爲績平焉。_{劉子文武}
政治・操約	取人以己，成事以筭_{音質竹器所以量物}，成事以筭者，用稱量也，取人以己者，度恕而行也。_{管子版法解}
政治・足民	築城者先厚其基而求其高，畜民者先厚其業而後求其澹_{古贍字○鹽鐵論未通}
政治・固國	國者天下之大器也，重任也，不可不善爲擇所而後錯之，錯險則危，不可不善爲擇道，然後道之塗薉_{薉與穢同○荀子富國}
性理・治性	夫歐冶鑄劍，太剛則折，太柔則卷，欲劍無折，必加其錫，欲劍無卷，必加其金，何者？金性剛而錫質柔，剛柔均平則爲善矣。良工塗漆，漆緩則難晞，急則弗牢，均則緩急使之調和則爲美也。人之舍性有似於茲，剛者傷於嚴猛，柔者失於軟懦，緩者悔於後機_也，急者敗於懁_{懁促}。故鑄劍者使金不至折，錫不及卷；製器者使緩而能晞，急而能牢；理性者使剛而不猛，柔而不懦，緩而不後機，急而不懁促，故能劍器兼善，而性氣淳和也。_{劉子和性}
物宜・良能	扶老_{禿鶖也}強力，鶾鴿友悌_{師曠禽經}
物宜・審用	今夫農時雨既至，脫衣就功，首戴茅蒲，身衣襏襫_{襏襫蓑薜衣也○爾雅翼臺}
物宜・失實	織女無機杼，大梁不架楹。_{大梁昴也○文選陸士衡擬古詩}

四、注有板本差異

　　《喻林》在少數條文中，有記載板本差異的情形，茲將《喻林》全書當中，注有板本差異者，悉數條列於下：

門　　類	條　　文
人事‧審宜	明鏡蒸食，未爲得所；干將補履，尤可傷嗟，是以氣足凌雲，不應止爲[一作宜]武騎，才堪王佐，不應直放長沙。[文苑英華庾信連珠]
人事‧報施	在命之輕，鴻毛浮於弱水，知恩之重，龜[一作鼇]背負於靈山。[文苑英華庾信謝賜寶啓]
人事‧自取	空閌[一作門]來風，桐乳致巢，此以其能苦其性者。[困學紀聞卷十諸子]
人事‧審察	卷葹[一作施]不死，誰必有心，甘蕉自長，故知無節，是以螺蚌得路，恐異驪淵，雀鼠同歸，應非丹穴。[文苑英華庾信連珠]
人事‧畏讒	天下萬物，含太陽氣而生者，皆有毒螫，毒螫渥者，在蟲則爲蝮蛇蜂蠆，在草則爲巴豆冶[一作野字]葛，在魚則爲鮭與鮍鰌，其在人也爲小人，故小人之口，爲禍天下。[王充論衡言毒篇]
人事‧傷志	雖復孤骸不返，方爲漠[一作漢]北之塵，營魄知歸，終結江南之草。[文苑英華徐陵贈答上書]
人事‧道塞	是以籠樊之鶴，寧有六翮之期，航髒[一作航上]之馬，無復千金之價。[文苑英華庾信連珠]
人事‧遭遇	不見高巔樹，摧抗下爲薪，豈耳[一作目]睹井中泥，時至出作塵。[文苑英華劉孝威樂府十九詩]
人事‧橫禍	河傾[一作流]酸棗，杞梓與樗櫟俱流，海淺蓬萊，魚鼈與共[一作蛟]龍共[一作並]盡。[文苑英華庾信雜銘銘]
人事‧待時	飛龍可濟[一作隮]而乾爻在四，常闇云：「呌而闉闍未聞。」[文苑英華請勸進及封岳行幸沈炯表]
人事‧明覺	且明智之爲物，猶泉流之吐潤，固不於挹酌而爲損，合仔而增益[一作盈]也。[廣文選伏公表與阮步兵書]
人事‧再造	昔沈羲將盡，逢司命而還生，士燮行埋[集作終]，值仙人而更活，今日慈矜斯之謂矣。[文苑英華庾信謝賜寶啓]
人事‧敗成	中駕每傾輪，當騫復輒[集作]摧翼。[文苑英華吳均行邁一詩]

人事・不量	所以舉尾支山，怒臂當轅轍（一作轍）。思道檄一（文苑英華盧）
人事・不量	蓋聞北邙之高，魏君不能削，穀洛之鬥，周王不能改，是以愚公何德，遂荷鍤而移山，精衛何禽，欲銜石枝（一作枝）而塞海。庾信連珠（文苑英華）
人事・同歸	芝蘭蕭艾之秋，形殊而共瘁（一作並），羽毛鱗介之怨，聲異而俱哀。信雜銘銘（文苑英華庾）
德行・甘隱	禽巢欲遠，魚沉唯深，清聲滅跡（一作蹤），何必山林。信聖賢讚（文苑英華庾）
學業・求益	人而不學，命之曰視皮肉（一作肉），學而不行，命之曰輒囊（一作撮）。卷十諸子（困學紀聞）
文章・有用	今聖朝留心典誥，發精於殊語，欲以驗考四方之事，不勞戎馬高車之使，坐知儌俗，適子雲攘意之秋也，不以是時發倉廩以振贍，殊無爲明語，將何獨挈絜（一作絜）之寶，上以忠信，明於上下，以置恩於罷杇，所謂知蓄積，善布施也。蓋蕭何造律，張倉推曆，皆成之於帷幕，貢之於王門，功列於漢室，名流乎無窮，誠以隆秋之時，收藏不殆，饑春之歲，散之不疑，故至於此也。子駿與雄書（方言後載劉）
政治・治效	六代之舞，陳於惣章，九州之音歌（一作歌），登於司樂，虞拊石，晉曠調鐘，未足頌此英華聲（一作聲），無以宣其盛德者也。陵遷讓上書（文苑英華徐）
性理・去情	眾罔兩問於景（影）曰：「若向也俯，而今也仰，向也括，而今也被髮，向也坐，而今也起，向也行，而今也止，何也？」景曰：「搜搜蕭（一作叟）也，奚稍問也，予有而不知其所以，予蜩條甲也，蛇蛻退也，似之而非也，火與日吾屯豚也，陰與夜吾代也，彼吾所以有待耶，而況乎以有待者乎？莊子寓言

　　上列條文，多出自《文苑英華》一書，考《文苑英華》，其所收錄之文章，「一作某」的情形相當普遍，（宋）李昉等奉敕編纂《文苑英華》，採用《藝文類聚》、《唐文粹》與前人所編文集進行校勘，許多均與當時通行的板本有文字上的出入，而李昉等並存錄之，所以造成「一作某」頻繁的現象。以上文所列〈人事・橫禍〉：「河傾酸棗（一作流），杞梓與樗櫟俱流，海淺蓬萊，魚鼈與蛟龍共盡（一作共）（一作並）。信雜銘銘（文苑英華庾）」〔註30〕此則爲例，原出自於庾信〈思舊銘〉一文，文中有多處注明板本差異，並且加以注明「一作皆《藝文類聚》」，其所注明板本差異之處，與《喻林》所載相同，是以得知凡《喻林》引用《文苑英華》之資料，而有「一作某」的情形，實迻錄自《文苑英華》原書。

〔註30〕同前注，頁1419。

小　結

　　在體制上，《喻林》承襲自以前書籍頗多，眞正最有價值之處，還是在每一條資料下，詳列出處的作法，遠勝其他輾轉抄襲的類書。而注有板本差異之部分，雖然是迻錄自他書，並非徐元太自行所增；然而，確確實實顯示徐元太重視原書資料，力求存其眞的編纂態度，迴異於其他任意刪改資料的類書。

第四章　《喻林》之特色及價值

　　今人論類書之價值，多以文獻之角度而視，例如劉師兆祐歸納類書在文獻上的價值有三：「可為輯佚之取資」、「可為校勘之佐證」以及「方便資料之檢索」。〔註1〕胡道靜先生亦認為類書的第一特殊作用，可以用來「校勘古籍和輯錄已佚的古籍遺文。」〔註2〕然而，類書欲有助於校勘和輯佚，必須年代久遠或是收錄已亡佚之書籍。反觀《喻林》一書，成書於萬曆年間，且其所收錄之書，亦非罕見祕籍，校勘與輯佚的價值，實難望《藝文類聚》、《太平御覽》等古類書之項背，故本文不擬自校勘與輯佚的角度來探討，而回歸文本的特殊性，由《喻林》本身的特色而自顯其價值。

　　《喻林》收錄資料的斷限，徐元太自言：「第唐而後，學士大夫，騷人墨客，咸嘖繁穢，乃斷六朝以上。」〔註3〕其中，《困學紀聞》雖然成書於宋代；然其所記多是經史與諸子，出自《元史》的資料，亦僅一則而已，大抵符合徐元太所言。雖然徐元太認為六朝以下有所「繁穢」；然其資料來源是「自經、史、子、集以及道佛諸書四百餘種，凡語涉比辭者，無論聖賢與流略之粗華，目所嘗見，必手錄焉，即非喻而可為喻，猶筆存之。」〔註4〕有篩選特定時代，卻未篩選特定思想，只要裨於《喻林》所列「造化、人事、君道、臣術……」等十門者，皆在徐元太入選之列。

　　前章〈喻林之體制〉有論及《喻林》的「門類」及「體例」，著重在陳述與介

〔註1〕劉師兆祐〈中國類書中的文獻資料及其運用〉，《國立中央圖書館館刊》新22卷，第2期，民國78年（1989）12月，頁119～122。

〔註2〕胡道靜先生《中國古代的類書》（北京：中華書局，1982年2月）頁22～35。

〔註3〕《喻林·徐元太自序》（臺北：新興書局，1972年1月），頁9～10。

〔註4〕同前注，頁10。

紹，而本章則以比較與分析為導向，藉此凸顯獨特性及所具價值。本章將自「門類編排」、「體例結構」、「採摭書目」以及「徵引文獻」四方面，闡述《喻林》之特色及價值。

第一節　門類編排之特色

分類，是人類認識外在世界一種必然的結果，當對外在世界的認識，累積達到一定程度時，便會把這些知識系統化，以利更有效率容納其他訊息。一部類書所劃分的門類及編排方式，固然是工具書體例得宜與否、使用便利與否的重要因素，另一方面，同時反映編者的思維脈絡。徐元太在設定門類上，自有其特色，此自門類編排的順序及劃分的數量兩方面進行析論。

一、門類之順序

一般而言，類書在劃分門類及編排上，會呈現編纂者的政治傾向及思維脈絡，如郗明先生〈中國人傳統思維方式與類書編纂〉所云：「類書的編纂，在資料的取捨方面，在體系的建立方面，是有一定的政治傾向的，是編纂者，以及他們所代表的政府的政治立場、思想觀點的體現。」〔註 5〕官修類書為統治者提供相當程度服務的現象尤其明顯，魏文帝敕纂之《皇覽》，由於其書已亡佚，僅存輯佚的斷簡殘編，故已不可得知其分類。

隋朝虞世南所編纂之《北堂書鈔》，從分類就已顯現政治意圖的端倪，該書共分為十九部，分別是「帝王部、后妃部、政術部、刑法部、封爵部、設官部、禮儀部、藝文部、樂部、武功部、衣冠部、儀飾部、服飾部、舟部、車部、酒食部、天部、歲時部、地部」〔註 6〕將「帝王部」放在第一位，整部書內容著重圍繞「帝王」考慮，「就像是一部專為帝王而編寫的帝王必修課本，是一部不叫《皇覽》的「皇覽」。〔註 7〕排列方式上乃以「人、事、物、天、地」為序，此種排列方式至唐《藝文類

〔註 5〕郗明〈中國人傳統思維方式與類書編撰〉，《上海大學學報》（社會科學版）1990 年第 6 期（29），頁 82。

〔註 6〕（宋）《中興館閣書目》記載《北堂書鈔》共一百六十卷，分一百六十門，而（宋）晁公武《郡齋讀書志》則記載《北堂書鈔》共一百七十三卷，分八十部，八百一類。此據《唐代四大類書》（北京：清華大學出版社，2003 年 11 月）影印光緒 14 年孔廣陶校刊本，凡一百六十卷，分十九部，八百五十一類。

〔註 7〕夏南強〈類書分類體系的發展演變〉，《華中師範大學學報》（人文社會科學版）卷 40 期 2（150）2001 年 3 月，頁 130～138。

聚》而產生重大變革，歐陽詢等奉敕纂修《藝文類聚》，將全書分成四十六部〔註8〕，分別是「天部、歲時部、地部、州部、郡部、山部、水部、符命部、帝王部、后妃部、儲宮部、人部、禮部、樂部、職官部、封爵部、治政部、刑法部、雜文部、武部、軍器部、居處部、產業部、衣冠部、儀飾部、服飾部、舟車部、食物部、雜器物部、巧藝部、方術部、內典部、靈異部、火部、藥香草部、寶玉部、百穀部、布帛部、果部、木部、鳥部、獸部、鱗介部、蟲豸部、祥瑞部、災異部」〔註9〕排列上改以「天、地、人、事、物」為序，此改變背後的思維，可以溯源漢代的董仲舒，在《春秋繁露》中，有數處相關的文獻記載，如：

> 何謂本？曰：天、地、人，萬物之本也，天生之，地養之，人成之。天生之以孝悌，地養之以衣食，人成之以禮樂，三者相為手足，合以成體，不可一無也。〔註10〕

> 為生不能為人，為人者，天也，人之人本於天（原注：人之人，當作人之為人），天亦人之曾祖父也，此人之所以乃上類天也。〔註11〕

> 天、地、陰、陽、木、火、土、金、水九，與人而十者，天之數畢也，故數者至十而止，書者以十為終，皆取之此，聖人何其貴者，起於天，至於人而畢，畢之外，謂之物，物者，投所貴之端，而不在其中，以此見人之超然萬物之上，而最為天下貴也。人下長萬物，上參天地，故其治亂之故，動靜順逆之氣，乃損益陰陽之化，而搖蕩四海之內，物之難知者若神，不可謂不然也。〔註12〕

對此，李守素、梁松〈試論類書的分類體系與分類技術〉云：

> 至漢代董仲舒將儒家思想和陰陽五行家思想結合起來，發展了《周易》

〔註8〕《四庫全書總目》言其：「凡為類四十有八」（頁1142）；《燕京大學圖書館目錄初稿——類書之部》則言：「凡分四十七門」（頁5）；胡道靜先生則分為四十六部。分類數量上的差異，乃「藥香草」部的計算方式不同所致，《四庫全書總目》蓋將「藥、香、草」分為三部，而鄧嗣禹《燕京大學圖書館目錄初稿——類書之部》則以「藥香草部上」為一部，「草部下」為一部。由於「藥香草」並非分割成「藥部、香部、草部」，故應為一部；另外，即使「部」分成上下卷，計部時仍該視為一部。茲從胡道靜先生之說，分為四十六部。胡道靜《中國古代的類書》（北京：中華書局，1982年2月），頁78。

〔註9〕《唐代四大類書》（北京：清華大學出版社，2003年11月）影印南宋紹興刻本，配補明胡纘宗刻本。

〔註10〕（漢）董仲舒《春秋繁露·立元神第十九》，卷6。收錄於《四部備要》（臺北：中華書局）據抱經堂本校刊，第50冊，頁6。

〔註11〕同前注。〈為人者天第四十一〉，卷11，頁1。

〔註12〕同前注。〈天地陰陽第八十一〉，卷17，頁7～8。

的理論，他著《春秋繁露・天地陰陽》指出：宇宙間有十種最貴的東西，即「十端」……《漢書・董仲舒傳》稱：「仲舒遭漢承秦無學之後，《六經》離析，下帷發憤，潛心大業，令後學者有所統一，爲群儒者。」以其巨大影響，加之統治者的支持，從而奠定了歷代類書以天、地、人事、名物爲序的分類體系。〔註13〕

認爲是《春秋繁露》造就了「天、地、人事、名物爲序的分類體系。」陳信利《藝文類聚研究》對「天地人事物」排列方式的看法云：

> 《藝文類聚》中的大類目「天地人事物」的設定，是以儒家思相爲出發點，是將「天人感應」學說發揮到淋漓盡致的表現；當然我們不能全然地說「天人感應」僅是由董仲舒一人提倡的，董仲舒只是個仲介者，他將先秦的儒定（案：當作家）學說統一整理後，再籍（案：當作藉）由漢武帝的獨尊儒術，將儒家的觀念統合起來，而成爲以後儒學發展的一個主流。〔註14〕

《藝文類聚》深受儒家影響，將「天、地、人、事、物」輕重先後的思想實踐在書中，陳信利並且將此排列順序，定爲由《藝文類聚》開始實行的〔註15〕，而爲後世多部類書所師法。

宋代綜合性類書的代表——《太平御覽》，分爲五十五部〔註16〕，分類的數目乃受到《周易》的啓發，《周易・繫辭上》曰：

> 大衍之數五十，其用四十有九，分而爲二，以象兩掛，一以象三，揲之以四，以象四時，歸奇於扐，以象閏五，歲再閏，故再扐，而後掛。天數五，地數五，五位相得而各有合，天數二十有五，地數三十，凡天地之數五十有五，此所以成變化而行鬼神也。」〔註17〕

〔註13〕李守素、梁松〈試論類書的分類體系與分類技術〉《大學圖書館學報》1989 年第 5 期（45），頁 22。

〔註14〕陳信利《藝文類聚研究》輔仁大學圖書資訊學研究所碩士論文，民國91 年（2002）6 月，頁 38。

〔註15〕同前注，頁 38～39。

〔註16〕五十五部分別是：天部、時序部、地部、皇王部、偏霸部、皇親部、州郡部、居處部、封建部、職官部、兵部、人事部、逸民部、宗親部、禮儀部、樂部、文部、學部、治道部、刑法部、釋部、道部、儀式部、服章部、服用部、方術部、疾病部、工藝部、器物部、雜物部、舟部、車部、奉使部、四裔部、珍寶部、布帛部、資產部、百穀部、飲食部、火部、休徵部、咎徵部、神鬼部、妖異部、獸部、羽族部、鱗介部、虫豸部、木部、竹部、果部、菜部、香部、藥部、百卉部。

〔註17〕《周易・繫辭上》，收錄於《十三經注疏》，藝文印書館影印嘉慶二十年江西南昌府學刊本（臺北：藝文印書館），頁 152～153。

郭伯恭云：「《御覽》之分部，蓋取所謂『天地之數五十有五』，以示包羅萬象者。」
〔註18〕除了實務性的分類，更進一步加以深化，融入哲學思維。雖然「五十五部」
的分類方式，並非《太平御覽》所首創，據《太平御覽》卷601引唐丘悅《三國典
略》云：

> 前者脩（修）文殿令臣等討尋舊典，撰錄斯書，謹罄庸短，登即篇次，
> 放天地之數，爲五十五部〔註19〕，象乾坤之策，成三百六十卷。〔註20〕

北齊時祖珽等所編的《修文殿御覽》已採用之，由這段引文可知《修文殿御覽》不
僅分爲五十五部，而且配合《周易·繫辭》云：「乾之策二百一十有六，坤之策百四
十有四，凡三百有六十，當期之日，二篇之策，萬有一千五百二十，當萬物之數也。」
〔註21〕分爲三百六十卷。然而，由於《修文殿御覽》已佚，未詳其分類之順序。不
過，《太平御覽》受《藝文類聚》影響，則是可以肯定的，宋·陳振孫《直齋書錄解
題》云：「《太平御覽》一千卷，以前代《修文御覽》、《藝文類聚》、《文思博要》及
諸家，參譯條次修纂。」而「始天終物」的編纂方式，極可能來自《藝文類聚》的
影響。

　　類書「天、地、人、事、物」的排列方式，到清代編《古今圖書集成》仍沿用
之，《古今圖書集成·凡例》云：

> 是書爲編有六，一曰曆象彙編，二曰方輿彙編，三曰明倫彙編，四曰
> 博物彙編，五曰理學彙編，六曰經濟彙編。
>
> 法象莫大乎天地，故彙編首曆象，而繼方輿，乾坤定而成位，其間者
> 人也，故明倫次之，三才既立，庶類繁生，故次博物，裁成參贊，則聖功
> 王道以出，次理學、經濟，而是書備焉。〔註22〕

　　《喻林》是私纂的類書，自然毋需刻意恭維在上位者，全書內容的編排，總共
劃分爲「造化、人事、君道、臣術、學業、政治、德行、文章、性理及物宜」十門，
重刊一百二十卷本時，順序上雖做了些細微調整；但仍不悖「天、地、人、事、物」
的次序，十分明顯是《藝文類聚》流風所致。徐元太從《喻林》門類的安排，流露

〔註18〕郭伯恭《宋四大書考》（臺北：臺灣商務印書館，民國56年9月臺1版）頁17。

〔註19〕原作「五十部」；但據《周易·繫辭》所言，宜爲「五十五部」，茲同意胡道靜先生
　　　　之說，補「五」字。

〔註20〕（宋）李昉等編《太平御覽》卷601（臺北：新興書局，民國48年（1959）1月）
　　　　複印臺灣商務印書館影印靜嘉堂文庫藏宋刊本，第8冊，頁2690。

〔註21〕同注17，《周易·繫辭上》，收錄於《十三經注疏》，藝文印書館影印嘉慶二十年江
　　　　西南昌府學刊本（臺北：藝文印書館），頁153。

〔註22〕（清）陳夢雷《古今圖書集成》（臺北：鼎文書局，民國74年（1985）4月再版），
　　　　目錄頁13。

受儒家思想薰陶的痕跡，展現以傳統儒者自居，以儒家思想爲依歸的思維。

二、劃分之數量

分類詳贍或粗略，乃重視與否的重要指標，例如中國以農立國，牛隻提供耕作上重要的勞動力，因此，古來對牛的分類極爲詳細，或許在種類的區分上，不及鳥類及魚類；但較之其他獸類，不同毛色、年齡、種類、特徵、雌雄、用途的牛隻，各有名稱，甚至牛隻的狀態、動作、部位，乃至於叫聲、喘息聲，亦各有名稱，遠勝對其他獸類動物的分類。

《喻林》的「人事門」，分類多達 271 種（詳細名稱參閱附錄），將近全書子目之半，可見徐元太特重人事一斑。

此外，「君道」、「臣術」和「政治」三門，廣義而言，皆與治理國事有關，三者子目之數，亦達 149 種之譜，可見徐元太亦相當重視君臣爲政之事。徐元太對《喻林》門類的編排，可與其著述相呼應，展現留心吏治的一貫作風，流露經世濟民之深遠理想。

第二節　體例結構之特色

有明一朝，出版事業興盛發達；然而，刻書數量雖可觀，品質卻不甚理想，足以令後世板本學家、藏書家稱道者，爲數不多。葉德輝於《書林清話》述及明季刻書，貶抑頗多，更別立「明人不知刻書」一條，對明人刻書任意改動原文的行爲，給予嚴厲批評，云：

> 吾嘗言明人好刻書，而最不知刻書。郎瑛《七修類稿》云：「世重宋版詩文，以其字不差謬。今刻不特謬，而且遺落多矣。予因林和靖詩而嘆之，舊名止曰《漫稿》，上下兩卷，今分爲四卷。舊題如『送范寺丞仲淹』，今改爲『送范仲淹寺丞』者最多，已非古人之意矣。」……《四庫書目提要》集部詩文評類：「《詩話總龜前集》四十八卷、《後集》五十卷，宋阮閱撰。案胡仔《苕溪漁隱叢話》序曰：『舒城阮閱，昔爲郴江守，嘗編《詩總》，頗爲詳備。（蓋因古今詩話，附以諸家小說，分門增廣。獨元祐以來諸公詩話不載焉。考編此詩總，乃宣和癸卯，是時元祐文章，禁而弗用，故阮因以略之云云。』據其所言）則此書本名《詩總》，其改今名，不知出誰手也。此本爲明宗室月窗道人所刊，併改其名爲阮一閱，尤爲疏舛。其書《前集》分四十五門，所採書凡一百種；《後集》分六十

一門，所採書亦一百種。（摭拾舊文，多資考證。惟）分類瑣屑，頗有乖
於體例。前有郴陽李易序，乃曰：『阮子舊集頗雜，月窗條而約之，彙次
有義，棼結可尋。然則此書已經改竄，非其舊目矣。』」可知朱明一朝刻
書，非仿宋刻本，往往羼雜己注，或竄亂原文，如月窗（案：月窗道人）
之類，觸目皆是，不僅此二書（案：林和靖《漫稿》、阮閱《詩總》）然
也。〔註23〕

言明人刻林和靖《漫稿》，擅改內容；阮閱《詩總》，連同姓名、書名，遭到更改成
阮一閱《詩話總龜》。另外尚有「明人刻書改換名目之謬」，針對妄改書名的現象予
以批評；「明人刻書添改脫誤」則是批評明人刻書時，擅自改動或添加內容，造成失
真及錯誤的缺點。

　　除了明人刻書態度不嚴謹，類書本身的性質對於資料正確性而言，已是一項重
大考驗。由於類書的編纂，乃是抄自於各典籍，大多數的資料屬於二次文獻，如果
是摘自其他類書，則屬於三次文獻，如果是輾轉抄錄，則可能是更多手的資料。一
般而言，傳抄愈多次，人為疏失所造成的錯誤也就更難避免。因此，對後世使用者
而言，反查原書也就成了一項不可或缺的工作。處在刻書態度普遍不嚴謹的時代，
而且還要克服人為疏失所造成的錯誤，徐元太所採取的策略，是在《喻林》每一條
資料之末注明出處。在注明資料出處方面的工作，《喻林》多採書名、篇名二級制，
部分還有作者或是小類、卷次，成為三級制。

　　明代刻書有「明人刻書而書亡」之譏，而《喻林》出處注明詳細，在類書之中
實屬罕見，因此，《四庫全書總目》譽其：

　　　　其引書用程大昌《演繁錄》之例，皆於條下註明出處，併篇目、卷第，
　　一一臚載，亦迥異明剽竊撏撦之習。〔註24〕

　　同時代的重要類書，唯陳耀文《天中記》足堪並論，其餘皆不能及。《四庫全書
總目》對《天中記》的評價云：

　　　　明人類書，大都沒其出處，至於憑臆增損，無可徵信。此書援引繁富，
　　而能一一著所由來，體裁較善。惟所標書名，或在條首，或在條末，為例
　　殊不畫一。〔註25〕

　　《四庫全書總目》對《喻林》及《天中記》詳列出處的作法，同樣給予高度肯
定，惟《喻林》一律置出處於條末，而《天中記》將出處或置條首，或置條末，就

〔註23〕葉德輝《書林清話》卷七。（瀋陽：遼寧教育出版社）1998 年 3 月，頁 150。
〔註24〕（清）永瑢、紀昀等撰《四庫全書總目》（北京：中華書局，1965 年 6 月）頁 1154。
〔註25〕同前註。頁 1155。

體例的統一性而言,《喻林》則是更勝一籌。體例結構的嚴謹,不僅令《喻林》免於「明人刻書而書亡」之譏,同時成就了《喻林》的一項特色。

第三節　採摭書目之特色

《喻林》將其所採用的書籍,彙集於書前,這一份採摭書目,有兩項特色:

一、歸類與目錄學家不同

(一)類書置於集部

自類書之權輿——《皇覽》開始,六朝時期,類書數出;唐宋兩朝,類書編纂湧現;然而,由於體裁與內容特殊,一直是目錄學歸類上的難題,如《四庫全書總目‧類書類》序云:

> 類事之書,兼收四部,而非經非史,非子非集,四部之內,乃無類可歸。《皇覽》始於魏文,晉荀勖《中經部》分隸何門,今無所考。(案:荀勖《中經新簿》列「皇覽簿」一項於丙部中,即後來之史部,蓋《總目》未詳覽《隋書‧經籍志》)《隋志》載入子部,當有所受之,歷代相承,莫之或易。〔註26〕

類書「兼收四部,而非經非史,非子非集」的特點,置於四部之中任何一部,皆有所未妥。《中經新簿》於丙部設「皇覽簿」一項,「丙部」即後世「史部」之先河。而《隋書‧經籍志》置於「子部」之中,歷代重要的目錄均沿用之。至宋代纂修《舊唐書》,於〈經籍志〉別立「類事類」,率先將類書歸為一類。《新唐書》、《崇文總目》從之,而對名稱稍作修改,建立「類書類」,後世目錄多依循其例。

《喻林》共收錄《意林》(案:部分書目將其列入雜家,而不列入類書)、《藝文類聚》、《事文類聚》、《太平御覽》、《初學記》、《事類賦》、《玉海》七部類書;卻將類書歸入「集部」,相當奇特。

(二)注疏列入子部

依目錄分類的習慣,注疏入部時,當隨原書的性質而決定,例如《關氏易傳》宜入「經部」;《前漢書註》宜入「史部」;《楚辭註》宜入「集部」;《李善註文選》也宜入「集部」,而徐元太在進行圖書分類時,除傳統儒家十三經之注疏外,視其他注疏為具個人思想之著作,而將上述《關氏易傳》等四部書籍,一律列入子部

〔註26〕 (清)永瑢、紀昀等撰《四庫全書總目》(北京:中華書局,1965 年 6 月)頁 1141。

之中。

二、另闢雜（藏）一部

　　徐元太非惟圖書入部特殊，分類上亦迥異於諸重要書目。中國傳統的圖書分類法，自荀勗（？～289）《中經新簿》首創四部分類〔註27〕，其後經李充改良，以甲（經）、乙（史）、丙（子）、丁（集）爲序〔註28〕，再由《隋書・經籍志》冠以「經、史、子、集」四部之名，遂爲定稱，四部分類，亦定爲一尊。

　　關於《中經新簿》的分類問題，歷來多以《中經新簿》爲四分法，唯姚名達獨排眾議，認爲《中經新簿》爲五分法，姚名達云：

> 《廣弘明集》引《古今書最》載：「《晉中經簿》四部書一千八百八十五部，二萬九百三十五卷。其中十六卷《佛經書簿》少二卷，不詳所載多少。」其第三句語意不明，似此簿共十六卷，《七錄序》謂：「《新簿》雖分爲十有餘卷，而總以四部別之。」缺少《佛經書簿》二卷，故不知《佛經》共若干部卷。然則《晉中經簿》於四部之外固另有《佛經》一部。若據費長房《開皇三寶錄》較之，則後漢末年迄三國僧俗譯經固有六百七十一部，九百一十卷之多，再加晉初十五年所譯，必已逾千卷。其能占一部類于《中經簿》也固宜。則世之指荀勗爲始創四部之祖者，其猶屈其拇指而妄謂手指有四乎！〔註29〕

由姚名達之語，可以歸納出兩點理由：其一，據《廣弘明集》引《古今書最》的記載，《佛經書簿》似乎爲《晉中經簿》之第十六卷；其二，晉朝荀勗編纂《中經新簿》時，推測當時所能夠見到的佛經，應該至少有千卷之多，數量龐大，足以自成一部類。

　　然而，《隋書・經籍志》序，對《中經新簿》的記載則云：

> 魏氏代漢，采掇遺亡，藏在秘書中外三閣。魏秘書郎鄭默始制《中經》，秘書監荀勗又因《中經》更著《新簿》。分爲四部，總括群書：一曰甲部，紀六藝、小學等書；二曰乙部，有古諸子家、近世子家、兵書、兵

〔註27〕荀勗《中經新簿》是以鄭默《中經》爲藍圖所編成，然《中經》不傳，且《隋書・經籍志序》但云：「魏秘書郎鄭默始制《中經》，秘書監荀勗又因《中經》更著《新簿》，分爲四部，總括群書。」並未明言《中經》亦是四部，只能推測，故以《中經新簿》爲四分法之初。

〔註28〕（梁）阮孝緒〈七錄序〉曰：「及著作佐郎李充始加刪正，因荀勗舊簿四部之法而換其乙丙之書。」（唐）釋道宣《廣弘明集》卷3，頁5。收錄於《四部備要》（臺北：中華書局）據常州天甯寺本校刊。

〔註29〕姚名達《中國目錄學史》（上海：上海古籍出版社，2002年6月）頁58～59。

家、術數；三曰丙部，有史記、舊事、皇覽簿、雜事；四曰丁部，有詩賦、

圖讚、汲冢書。大凡四部，合二萬九千九百四十五卷。〔註30〕

據此，業已明言《中經新簿》「分為四部」，況且四部之中，未見「佛經」一類。且
《佛經書簿》如果眞爲《中經簿》之第十六卷，而「《佛經書簿》少二卷」之語，顯
示《佛經書簿》本身當不止二卷，則有可能非荀勗所新編，而是當時既有之目錄，
荀勗將其附於書後而已。此外，數量龐大也未必能獲得獨立成部的地位，尙需視當
時學界對該類書籍的態度而定，例如《隋書‧經籍志》除四部之外，末附「道經類」
和「佛經類」，尤其佛經類包括「大乘經」、「小乘經」、「雜經」、「雜疑經」、「大乘律」、
「小乘律」、「雜律」、「大乘論」、「小乘論」、「雜論」、「記」十一種，凡一千九百五
十部，六千一百九十八卷。面對分量如此巨大的佛、道之書，《隋書‧經籍志》的態
度卻不十分認同，其云：

> 道、佛者，方外之教，聖人之遠致也。俗士爲之，不通其指，多離以
> 迂怪，假託變幻亂於世，斯所以爲弊也。故中庸之教，是所罕言，然亦不
> 可誣也。故錄其大綱，附於四部之末。〔註31〕

《隋書‧經籍志》明顯是站在儒家的立場，視道、佛爲「方外之教」，而且經俗士
之手，流於迂怪，造成佛、道整體上良莠不齊的現象，因此對之評價不高。就佛
典的分量而論，多於經部，與集部相捋，卻只能作爲附錄，不能徒因數量龐大，
且獨立於四部之外，即視爲一「部」，《中經新簿》的情況當似此，故視之爲四分
法較公允。

自《隋書‧經籍志》確立四部分類法在圖書分類中的正統地位後，仍有數人在
圖書分類上，嘗試突破四分法之藩籬，例如南宋鄭樵撰《通志》二百卷，其中之〈藝
文略〉將群書分爲「經類、禮類、樂類、小學類、史類、諸子類、天文類、五行類、
藝術類、醫方類、類書類以及文類」等十二大類。鄭樵之後，其族孫鄭寅撰《鄭氏
書目》七卷，「以其所藏書爲七錄，曰經、曰史、曰子、曰藝、曰方技、曰文、曰類。」
〔註32〕。

比及明代，不守四部的風氣尤盛，姚名達對明代此一現象云：

> 爰及明英宗正統六年，始有楊士奇、馬愉、曹鼐等奏上《文淵閣書目》。
> 其分類法雖陋，然能不守四部之成規，實開有明一代之風氣。……然有明

〔註30〕（唐）魏徵、令狐德棻《隋書》（北京：中華書局，1973 年 8 月），頁 906。
〔註31〕同前注。（唐）魏徵、令狐德棻《隋書》（北京：中華書局，1973 年 8 月），頁 1099。
〔註32〕見（宋）陳振孫《直齋書錄解題》卷 8（臺北：廣文書局，民國 57 年（1968）3 月）
　　　　影印武英殿聚珍本，頁 529。

一代，除高儒、朱睦、胡應麟、焦竑、徐𤊹、祁承爍六家仍沿四部之稱而大增其類目外，私家藏書，多援《文淵目》爲護符，任意新創部類，不復恪守四部成規。此在分類史中實爲一大解放，而摧鋒陷陣之功要不能不歸《文淵目》也。〔註33〕

據此可知明代自《文淵閣書目》〔註34〕之後，諸家書目受其流風影響，自創部類的現象頗爲普遍。其後憲宗成化間葉盛《菉竹堂書目》〔註35〕；武宗正德三年陸深《江東藏書目》〔註36〕；嘉靖年間晁瑮《寶文堂書目》〔註37〕、孫樓《博雅堂藏書目錄》〔註38〕；萬曆間張萱、孫能傳等撰《內閣書目》〔註39〕、陳第《世善堂藏書目錄》〔註40〕等，都是不遵循四分法的書目。

　　《喻林》採用道書、佛書甚多，五十卷本已將道藏、佛藏合爲一部，獨立於經、史、子、集四部之外；但並非如《隋書・經籍志》只列爲附錄性質，而是和「經、史、子、集」具有相同地位，成爲第五部，名爲「藏」部，圖書分類上爲五分法。至八十卷本時，由於「藏」部之中新增加《本草》一書，而《本草》非道非佛，「藏」的名稱無法容納，因此，將「藏」改爲「雜」，仍承襲五分法。

〔註33〕姚名達《中國目錄學史》（上海：上海古籍出版社，2002年6月）頁94。

〔註34〕楊士奇等撰《文淵閣書目》共分成：國朝、易、書、詩、春秋、周禮、儀禮、禮記、禮書、樂書、諸經總類、四書、性理、經濟、史、史附、史雜、子書、子雜、雜附、文集、詩詞、類書、韻書、姓氏、法帖、畫譜（諸譜附）、政書、刑書、兵法、算法、陰陽、醫書、農圃、道書、佛書、古今志、舊志、新志。

〔註35〕葉盛《菉竹堂書目》的分類與《文淵閣書目》近似，分爲聖制、易、書、詩、春秋、周禮、儀禮、禮記、禮書、樂書、諸經總錄、四書、性理、經濟、史、子書、子雜、文集、詩詞集、類書、韻書、姓氏、法帖、畫譜、政書、刑書、兵法、算法、醫書、農圃、古今通志、陰陽書、道書、佛書。

〔註36〕陸深《江東藏書目》分爲十四類，分別是：經第一、理性第二、史第三、古書第四、諸子第五、文集第六、詩集第七、類書第八、雜史第九、諸志第十、韻書第十一、小學、醫藥第十二、雜流第十三、聖制第十四。

〔註37〕晁瑮《寶文堂書目》以「御制」爲首，上卷分「諸經總錄、五經、四書、性理、史、子、文集、詩詞」等十二目（案：五經分五目）；中卷分「類書、子雜、樂府、四六、經濟、舉業」等六目；下卷分「韻書、政書、兵書、刑書、陰陽、醫書、農譜、藝圃、算法、圖志、年譜、姓氏、佛藏、道藏、法帖」等十五目。

〔註38〕孫樓《博雅堂藏書目錄》分爲十八類，分別是：經、史、諸子、文集、詩集、類書、理學書、國朝雜記、小說家、志書、字學書、醫書、刑家、兵家、方技、禪學（附道書）、詞林書、制書（附試錄、墨卷）。

〔註39〕張萱、孫傳能《內閣書目》在名稱上，一律稱部，共分爲十八部，分別是：聖制、典制、經、史、子、集、總集、類書、金石、圖經、樂律、字學、理學、奏疏、傳記、技藝、志乘、雜部。

〔註40〕陳第《世善堂藏書目錄》分爲六部，分別是：經、四書、子、史、集、各家。各部之下再分小類。

徐元太以五分法編成採摭書目，固然受時代風氣影響，不墨守四分法之舊規；然而，此實爲因地制宜之作法，一百二十卷本《喻林》，其所收之書，不過四百一十七種，倘採《通志‧藝文略》、《文淵閣書目》等書目任何一種分類法，皆不免失之瑣碎。而佛道之書，多達二百三十二種（案：雜部《本草》不列入計算），如置入子部，將導致四部在數量上嚴重失衡，其次，從五十卷本過渡到八十卷本，分類名稱從「藏」改爲「雜」，原因只是多加《本草》一書而已，以一書而易一部之名，足見佛道之書在徐元太心目中，並非因思想獨樹一幟、學術地位崇高，而取得獨立成部的地位，純粹是性質相近、數量龐大的權宜考量。

漢代《七略》的六分法；王儉《七志》、阮孝緒《七錄》的七分法；《中經新簿》、《隋書‧經籍志》、《舊唐書‧經籍志》、《新唐書‧藝文志》以及《四庫全書》的四分法；歷代間出的他種分類法；至現代圖書館普遍採用十進位式的圖書分類，說明沒有一種分類方式是萬古不變，也沒有任何一種分類方式稱得上絕對正確，皆依時代需求進行變革。能夠依照實際需求，將書籍妥善分類，具備「方以類聚，物以群分」的功效，而反映出「辨章學術，考鏡源流」的功能與價值，令使用者得以即類求書，即是一種有價值的目錄。

《喻林》所採之「經、史、子、集、藏（雜）」五分法，在目錄學的分類上，的確有其特殊性，然而也毋需過度膨脹其成就。就〈採摭書目〉的分類法而言，一方面既可反映明代在圖書分類上之自由，另一方面顯示徐元太不拘泥於前人之分類，並非徒知墨守成規的腐儒，而是一位深諳因地制宜、通權達變，注重實用性的儒者。

第四節　徵引文獻之特色

《喻林》所徵引的文獻中，除了傳統類書常見之經書、史書、諸子以及詩文之外，採摭爲數相當龐大的佛經與道經。廣採佛經中的譬喻，實與客觀條件有關，蓋佛經本身運用譬喻之法的情形相當普遍，造成此現象的最主要原因是，爲求弘法，而有深入淺出之需。佛教思想深奧精妙，資質高者固能領會其中奧義；然而，佛教並非專爲天才而創設，而是爲了眾生，若欲推廣佛教思想，使之爲一般大眾所接受，而廣泛流行於各階層，則不得不透過深入淺出的解說，如《大智度論》云：

> 譬喻，爲莊嚴論議，令人信著，……譬如登樓，得梯則易上，復次，一切眾生著世間樂，聞道德、涅槃，則不信不樂，以是故眼見事喻所不見。

譬如苦藥,服之甚難,假之以蜜,服之則易。〔註41〕

眾生聽受種種不同,有好義者,有好譬喻者。譬喻可以解義,因譬喻心則樂著,如人從生端正,加以嚴飾,益其光瑩。此譬喻中多以義喻。〔註42〕

據此可知,譬喻只是一種手段,是一種權宜的做法,目的是「爲莊嚴議論」;然而佛法中有太多深奧及抽象的道理,並非人人所易知、樂知,而且每個人與生俱來有不同的特性,因此藉譬喻來進行解說,透過譬喻這把梯子,而使眾生可以一窺佛法之堂奧;經由譬喻這層糖衣,而使眾生樂於接受佛法之良藥,而「以易知說明難知;以具體說明抽象」的譬喻,正是深入淺出的好方式。

除了深入淺出的需求,佛教東傳,對中國的民眾而言,佛法是全新的概念,而要透過講經來傳教,最接近民眾生活的譬喻經典,便成爲中國法師講經的極佳素材,丁敏先生云:

依據譬喻經典的形式與內容,可以認爲在當時是一種通俗講經的素材。講經是一種重要的傳教活動,然除了正式的升大座,依循章句的講經方式外,另有一種講經方式,是只取經文的主旨,隨時適機地廣取譬喻、典故、故事等來發揮經義,使講經的過程具有趣味性與故事性,以使聽眾能領受佛法的趣味,這樣的講經方式稱爲「唱導」。〔註43〕

佛教的內在因素,致使佛經中的譬喻俯拾即是,而徐元太主動徵引佛經,一方面固然因佛經中有大量譬喻,另一方面則深受當時風氣之影響。明末時,出現爲數不少在家修行的「居士」,釋聖嚴法師云:

從居士人才的考察而言,明末的時代,極爲隆盛,清朝的彭際清(1740～1796)所編的《居士傳》……其中只有四人是萬曆以前的人,其他的有六十七人的正傳及三十六人的附傳,均屬於萬曆年間以至明朝亡國期間(1573～1661)的人物。〔註44〕

而這些「儒者居士」的形成,釋聖嚴法師的解釋是:

除了由社會文化的自然發展,而有了若干儒家及道教學者,轉入佛教,另外兩個顯著的原因,應該是:(1)由於宋明儒家的抬頭,給了佛教的大刺激,所以有雲棲袾宏、紫柏眞可(1534～1603)、憨山德清(1546～1623)、

〔註41〕 龍樹菩薩著,鳩摩羅什譯《大智度論》(臺北:眞善美出版社,民國56年(1967)6月),卷35,第4冊,頁66。
〔註42〕 同前注。卷44,第5冊,頁46。
〔註43〕 丁敏《佛教譬喻文學研究》國立政治大學中國文學研究所博士論文,民國79年(1990)6月,頁468。
〔註44〕 釋聖嚴《明末佛教研究》(臺北:東初出版社,民國76年(1987)9月),頁239。

蕅益智旭（1599～1655）等傑出僧人，被後人稱爲明末四大師的出現，使得士大夫階級的讀書人，向心於佛教。（2）由於中央政府的腐敗，使得人民體會到生命財產的沒有保障，故以佛教的因果觀來解釋他們的命運，並且求於此身死後，往生西方極樂世界。〔註45〕

佛教思想流行於士大夫之間，非一朝一夕可致，乃經過一段時間蘊釀方可得。當時佛教對文人的影響，往往流露於筆墨之間，在字裡行間揉雜佛經語句，這種情況日漸加劇，甚至搖撼儒家六經絕對尊崇的地位，而且以明神宗萬曆年間尤甚，如萬曆十四年，禮部尚書沈鯉疏：

> 近年以來，科場文字漸趨奇詭，而坊間所刻，及各處士子之所肄業者，更多怪異不經。及今不爲嚴禁，恐益灌漬人心，浸尋世道，爲害甚於異端，臣等心竊憂之。夫唐文初尚華靡，而士趨浮薄；宋文初尚鉤棘，而人習險譎；國初舉業有用六經語者，其後引《左傳》、《國語》矣，又引《史記》、《漢書》矣。史、漢窮而用六子，六子窮而用百家，甚至佛經、道藏，摘而用之，流弊安窮？弘治、正德、嘉靖初年中式文字，純正典雅，宜選其尤者，刊布學宮，以爲準則。非是，不得錄取。直省提學官各持一方文衡，轉移士習，尤爲緊切，今後請將解部考卷，容臣等逐一閱驗，咨送吏部，以爲提調學政官殿最。〔註46〕

言科場試文除了史傳、諸子，亦有援用佛經、道藏者，並建議將明中葉科場之佳作「刊布學宮，以爲準則。」不符合此標準者，不予錄取。此已說明儒家經傳的地位已受到嚴格挑戰。

此外在《明實錄》中記載云：

> 禮部奏：「近日士子爲文，不用六經甚，取佛經、道藏，摘其句法，口語爲之……」，上曰：「近來文體輕浮險怪，依擬各提學官仍將考取優卷，送部稽查，如有故違者，從重參治……」〔註47〕

又《明史》記載云：

> 時士大夫多崇釋氏教，士子作文每竊其緒言，鄙棄傳註。前尚書余繼登奏請約禁，然習尚如故。琦乃復極陳其弊，帝爲下詔戒屬。〔註48〕

〔註45〕同前注，頁243。
〔註46〕（清）龍文彬纂《明會要‧明臣奏議》（臺北：世界書局，民國49年（1960）11月），頁884。
〔註47〕《明實錄‧神宗實錄》（中央研究院歷史語言研究所，民國55年（1966）4月）據國立北平圖書館藏紅格本微卷影印，卷183，頁3415。
〔註48〕《明史‧馮琦傳》（台北：藝文印書館）影印（清）乾隆武英殿刊本，卷216，頁2361。

前者時在萬曆十五年二月，後者在萬曆三十年前後，雖時移而士子之間尚佛如故，同樣以佛典語句入文，而不以六經傳註為宗，此風大盛，甚至還必須借助政治的力量禁止之，足見佛教對當時士人影響之鉅，《喻林》廣泛收錄佛經，實非偶然。

雖然徐元太取資於佛經甚夥；但徐元太並非佛教徒，因為〈文章門‧評品〉之中，收錄一則：

> 珠玉少而貴，凡屬多而賤，聖人七經而已，佛逾萬億言，恐煩而無當
> 也。_{太平御覽珍}
> _{寶部珠下}〔註49〕

本條文對佛經頗多貶抑，倘徐元太信奉佛教，則不當收錄此蔑視佛教的條文，由此可證，徐元太仍以儒家思想為宗。

自佛教傳入中國後，持續不斷中國化，魏晉玄學更試圖調合儒、釋、道的思想，且有為數不少的文人，同時也接受佛、道思想，著名者如「詩佛」王維。明末之際，文人出入儒、釋、道的情形，亦頗為普遍，如釋聖嚴法師云：

> 明末的居士，以他們的社會地位而言，大多數屬於士大夫階級，以讀
> 書而為官吏，乃是當時唯一的最好出路。由於他們是為考試官吏的資格而
> 讀被政府指定的儒書，所以他們的思想背景，是站在儒家的立場，甚至有
> 人受了朱熹（1130～1200 宋朝的儒家大學者）學說的影響，原來是反對
> 佛教的。信佛之後的居士們，大多仍出入於儒、釋、道三教之間，往往以
> 儒家的孔、孟言論來解釋或說明佛教的經典。……另外有些居士，以儒者
> 的基礎，學長生不死的仙術，再轉而學佛。因此，明末居士的思想，富有
> 儒釋道三教同源論的色彩，是無法否認的事實。〔註50〕

而徐元太秉持儒家思想，在《喻林》當中建立一套「天、地、人、事、物」的思維架構，而將自成一套體系的佛教思想消解，逐一重新納入儒家思維架構中，換言之，在「造化、人事、君道、臣術、德行、學業、文章、政治、性理、物宜」這些儒家關心的課題中，可以從容不迫地找到對應的佛教文獻，是將佛教「四大皆空」、「超脫輪迴」、「苦寂滅道」等概念，置入儒家「敬天法祖」、「忠君愛國」、「內聖外王」的範疇，進而裨益個人修養、人際倫常與治世理想，將出世的思想，轉為積極入世之用，是佛教中國化的一種展現。無論徐元太是無意或是刻意為之，皆促成儒、釋、道融合的結果。

〔註49〕一百二十卷本《喻林》（臺北：新興書局）影印萬曆四十三年刊本，頁4151。

〔註50〕同註44。釋聖嚴《明末佛教研究》（臺北：東初出版社，民國76年（1987）9月），頁239～240。

小　結

　　集古來譬喻為一書，堪稱是類書編纂「創體」的《喻林》，在門類編排上，雖然不見得無可挑剔；但徐元太一番用心，建立一套架構，則是深獲認同，《喻林一葉》、《喻林一枝》、《喻林略》這些「喻林系」的類書，皆遵《喻林》門類，莫所改易。其體例結構深獲《四庫全書總目》佳評，在明代的類書中，可謂鶴立雞群，且自五十卷本而八十卷本，再至一百二十卷本，檢索方式不斷改良，可見編纂之用心。〈採摭書目〉的分類方式，有別於以往諸書目，徐元太自闢徯徑，非以標新立異為目的，而是因地制宜的作法。而徵引佛經，是符合當時文人之需求，將佛經納入儒家的思維架構，是另一種角度的儒釋會通。

餘　論

一、文本之檢討

　　徐元太編纂《喻林》用功甚勤，歷時頗久，《四庫全書總目》亦給予徐元太的編纂態度正面評價，雖然如此；但《喻林》仍存有一些缺失，《四庫全書總目》對其之批評如下：

> 其自序稱閱書四百餘種，而檢其所列書名，實不逾半，殆約舉其數，未及詳核歟？其中隨手撦拾，亦往往不得本始，如兒說宋人善辯一條，本出《韓非子》；周人有仕不遇者一條，本出王充《論衡》，皆引《藝文類聚》；懷金玉者至不生歸一條，本出《後漢書‧耿弇傳》，而引《文選》李善注；頭白可期、汗青無日一條，本出劉知幾《史通》而引《事文類聚》；天寒即飛鳥走獸尚知相依一條，本出沈約所作阮籍《詠懷詩註》，而亦以爲李善，此類頗多。又如以杜預、何休、范寧爲漢人，以陳壽爲魏人，以李善爲隋人，皆時代舛迕。《申培詩說》、《天祿閣外史》、《武侯心書》之類，皆明代僞書，不能辨別；《廣成子》本蘇軾從《莊子》摘出，偶題此名，乃別爲一書；《無能子》云不知何代人：未免失於疏略。〔註1〕

簡要言之，可以歸納爲五項：自序與採摭書目數量不符、未引原書、時代舛誤、引用僞書、書名作者未慎審。

　　其中「自序與採摭書目數量不符」一項，《喻林‧自序》云：「自經、史、子、集，以及道佛諸書四百餘種……」以書前的所附之〈採摭書目〉加以對照，〈採摭書目〉總共收錄了416種典籍，符合自序所言，而以實際收錄情形對照〈採摭書目〉，發現多三書，亦少三書，仍符合416種之數，詳見〈附錄二《喻林》引用書目〉，因

〔註1〕紀昀等奉敕纂《四庫全書總目‧子部‧類書類‧喻林》（北京：中華書局），頁1154。

此，《四庫全書總目》的說法有誤，此條缺失不成立。

《四庫全書總目》所言時代舛誤的問題，是〈採摭書目〉在某些書籍之下，附上時代及作者，提要所言不謬，不過，此缺失不足以影響使用效益。

至於引用《申培詩說》、《天祿閣外史》、《武侯心書》等偽書的問題，不宜列為其缺失，因為《喻林》匯聚譬喻之句為一書，性質是工具書，目的是求其用，並非如經學家詁訓而必須求其真，縱使是偽書，只要譬喻得宜、譬喻得妙，即對為文有提示、參考的價值。

而提要所舉「《無能子》云不知何代人」一項，細察〈採摭書目〉，在《天隱子》一書之下，確實云「不知何時人」，同時也是唯一的一條；然而，《喻林》未嘗收錄《無能子》一書，此當是《四庫全書總目》之疏忽。

綜合而言，《喻林》存有四項較為明顯的不足，茲述如下：

（一）體例未臻完善

從五十卷本至八十卷本，再到一百二十卷本，《喻林》的確不斷地在改良；然而，體例上仍有值得加強之處。

由於《喻林》缺少明確的凡例，使得體例有所參差，除了第二章所述字句上的差異，再者即入部的情形。五十卷本〈物宜門〉中的「同情」、「屈伸」及「相受」三類，八十卷本取消之，改入其他門類，顯示門類本身並無明確界線，有模糊地帶。此外，《喻林》也偶可見一事分入兩類中的情形，雖然一事可能同時涵蓋兩類，既然取捨不易，於是同時置入兩類之中，此舉未嘗不可；然而，此情況宜使用「參見」，如章學誠《校讎通義》所說之「互著」，在《藝文類聚》當中，「參見」的使用已頗為頻繁，《太平御覽》、《玉海》、《古今事文類聚》亦皆有使用「參見」，所謂前修未密，後出轉精，《喻林》在體例上應更勝《藝文類聚》等唐、宋類書一籌，而一事分見兩類，又未採互著之法，處理未妥，不可不謂體例一失。

（二）子目安排失當

《喻林》的子目名稱，為求整齊劃一，一律採取兩個字命名；然而，兩個字的子目，有時卻無法完整地表達意思，例如造化門「有無」；人事門「略小」、「見大」、「小見」、「圖大」、「狥外」；德行門「感孚」；政治門「更張」，如果沒有實際翻閱內容，實在不易從子目字面上得知所指為何，如此一來，書前的目錄便無法妥善發揮索引之作用了。

其次有子目重見現象，《喻林》的子目多達五百八十餘類，五十卷本、八十卷本及一百二十卷本皆有重複子目；然三者之間，彼此又有差異，如下表所示：

	五十卷本		八十卷本		一百二十卷本	
1	造化門 感　通	人事門 感　通	造化門 感　通	人事門 感　通	感　應	人事門 感　通
2	造化門 類　應	人事門 類　應	造化門 類　應	人事門 類　應	類　召	人事門 類　應
3	造化門 至　虛	性理門 至　虛	造化門 至　虛	性理門 至　虛	造化門 至　虛	性理門 至　虛
4	人事門 同　情	物宜門 同　情	人事門 同　情	／	人事門 同　情	／
5	性理門 各　足	物宜門 各　足	性理門 各　足	物宜門 各　足	性理門 各　足	物宜門 各　足
6	人事門 避　害	物宜門 避　害	人事門 避　害	物宜門 避　害	人事門 避　害	物宜門 避　害

　　造化門的「感通」、「類應」兩類，和人事門的「感通」、「類應」兩類，名稱完全相同，而內容各異，顯然是編者疏忽所造成名稱重複使用的現象，在五十卷本及八十卷本中均得見，至重刊一百二十卷本時，徐元太與其姪子們已經發現此問題，並改正之，將造化門的「感通」易名為「感應」、將「類應」更名為「類召」，而人事門的「感通」、「類應」兩個子目，名稱則是不變。

　　相同名稱的子目之所以更名，是因為子目縱使分屬在兩門，仍缺乏足夠的辨異功能，使用上會造成混淆及不便，而「至虛」及「各足」未更名，恐怕是編纂上的疏漏。

（三）引書有所未妥

　　提要所舉的缺失之中，以未引原書一項為害最甚，尤其出自於類書的資料，往往因編纂者的編纂態度不夠嚴謹，任意改動文句，或是輾轉抄襲其他類書，而使得資料與原書相較，不免有所失真。

　　資料的正確性對一部工具書而言，有決定其優劣的影響，而《喻林》轉引多部類書的資料，難以保證這些資料的可信度，因此使用者必須根據《喻林》所註明的出處，找到該部類書，方能夠再尋得原書，確定資料正確與否，多一道手續，也多一層不便，所以，縱使《喻林》轉引自其他類書的每條資料皆註明出處，仍未若引自原書。

（四）採摭書目入部之誤

　　〈採摭書目〉所列書籍，部分與目錄學所習見的分類不同，其中一些尚可解釋

為徐元太並非目錄學家,存有個人獨特的見解;然而,〈採摭書目〉既設有「集部」,卻將歷來皆置於集部的《蔡中郎集》、《曹子建集》、《嵇中散集》以及《陶靖節集》四本書,置入子部;亦將釋書《五燈會元》置於集部,徐元太縱非目錄學家;但此乃顯而易見之誤,可見徐元太對〈採摭書目〉之用心,實未逮其書內容甚遠。

二、成果與展望

(一)研究成果

透過本文的研究,得知編者徐元太為人正直,其學殖著作,多為留心吏治而發,注重實用價值。以生命實踐「立德、立功、立言」之三不朽,期望淑世的理想。

而《喻林》一書,本為興趣而編,為備忘而作;然獲士林廣大迴響,節抄者有之,續編者有之,甚至嘉慶初年,「欽命詩賦題,往往取此書,一日,琉璃廠書肆搜索殆盡,蓋翰苑諸公爭購讀也。」〔註2〕雖距《喻林》成書已百餘年,仍出現搶購的盛況。

至於板本的特徵、演變及比較,經專章爬梳,已取得清楚的脈絡。體例方面,經綜覽全書,書於筆墨,亦足令觀者對《喻林》一書有相當程度的掌握。

筆者所歸納「門類編排」、「體例結構」、「採摭書目」以及「徵引文獻」四項特色,從中可以以窺得《喻林》與其他類書的異同,同時也披露徐元太的用心與用意。

(二)未來展望

就修辭研究的角度而言,如筆者曾言:「現代修辭學對於譬喻有極精闢的闡述,不斷地系統化、理論化,分類也愈趨細密;但貼切譬喻的創造力,卻難以隨著修辭學的研究而提升,《喻林》正好彌補了這份缺憾,《喻林》匯集了千千萬萬前人智慧所造出的譬喻,不僅可以窺見前人智慧的堂奧,更可以和今人的智慧相激盪,創造出憾動人心的譬喻」〔註3〕。

就類書研究的角度而言,自《皇覽》成書迄今約二千年,歷朝所編類書亦多,明代編有史上篇幅最大的《永樂大典》,清代有現存篇幅最大的《古今圖書集成》,而(清)乾隆所敕纂之《四庫全書》,其中類書即佔全書近十分之一的篇幅,說明了類書發展的歷史久遠,在書籍形式的文化資產中,亦有不容忽視的份量;然尚未在學術研究中立為一「學」,希冀在類書的研究中略貢獻棉薄之力,積累學術成果,以期有朝一日,類書得以列為專學。

〔註2〕 錢泰吉《曝書雜記》卷1,收錄於《續修四庫全書》,影印清道光十九年(1839)別下齋叢書本,第926冊,頁9。
〔註3〕 拙著〈徐元太《喻林》及其相關問題初探〉,《人文集刊》第4期,2006年,頁69。

附錄一 　《喻林》目錄

說明：此《喻林》目錄收集五十卷本、八十卷本、一百二十卷刻本以及《四庫全書》本四種，由於《喻林一枝》同一百二十入刻本，故不錄。據此可以察見子目增刪之情形。

凡例：●表示有此子目，○則表示無此子目。其他另需說明者，則在附註中呈現。

門　　類	子目	一百二十卷刻本	文淵閣四庫本	文津閣四庫本	八十卷	五十卷	附註
造化門一	天道	●	●	●	●	●	
	形氣	●	●	●	●	●	
	流行	●	●	●	●	●	
	生剋	●	●	●	●	●	
	消息	●	●	●	●	●	
	有無	●	●	●	●	●	
	倚伏	●	●	●	●	●	
	相須	●	●	●	●	●	
	相襌	●	●	●	●	●	
	至大	●	●	●	●	●	
	至神	●	●	●	●	●	
	至虛	●	●	●	●	●	

造化門二	不奪	●	●	●	●	●	
	不變	●	●	●	●	●	
	不竭	●	●	●	●	●	
	自然	●	●	●	●	●	
	無私	●	●	●	●	●	
	盛德	●	●	●	●	●	
	生物	●	●	●	●	●	
	感應	●	●	●	●	●	五十、八十卷本作「感通」
	類召	●	●	●	●	●	五十、八十卷本作「類應」
	所主	●	●	●	●	●	
人事門一	言行	●	●	●	●	●	
	好惡	●	●	●	●	●	
	爭讓	●	●	●	●	●	
	毀譽	●	●	●	●	●	
	憂樂	●	●	●	●	●	
	智愚	●	●	●	●	●	
	婚媾	●	●	●	●	○	
	藏修	●	●	●	●	●	
人事門二	仕進	●	●	●	●	●	
	交接	●	●	●	●	●	
	報施	●	●	●	●	●	
	感通	●	●	●	●	●	
人事門三	類應	●	●	●	●	●	
	自取	●	●	●	●	●	
	趨利	●	●	●	●	●	
人事門四	避害	●	●	●	●	●	
	除害	●	●	●	●	●	
人事門五	慮患	●	●	●	●	●	
	備患	●	●	●	●	●	
	品藻	●	●	●	●	●	
	賞譽	●	●	●	●	●	
	知心	●	●	●	●	●	
	好德	●	●	●	●	●	

	疾邪	●	●	●	●	●	
	觀人	●	●	●	●	●	
人事門六	待人	●	●	●	●	●	
	責人	●	●	●	●	●	
	愼微	●	●	●	●	●	
	愼積	●	●	●	●	●	
	所重	●	●	●	●	●	
人事門七	辯實	●	●	●	●	●	
	尚實	●	●	●	●	●	
	審具	●	●	●	●	●	
人事門八	審謀	●	●	●	●	●	
	審察	●	●	●	●	●	
人事門九	審宜	●	●	●	●	●	
	心隱	●	●	●	●	●	
	應物	●	●	●	●	●	
人事門十	考偽	●	●	●	●	●	
	防詐	●	●	●	●	●	
	畏讒	●	●	●	●	●	
	見忌	●	●	●	●	●	
人事門 十一	戒疑	●	●	●	●	●	
	戒泥	●	●	●	●	●	
	戒巧	●	●	●	●	●	
	色欲	●	●	●	●	●	
	重生	●	●	●	●	●	
人事門 十 二	養生	●	●	●	●	●	
	殊好	●	●	●	●	●	
	偶合	●	●	●	●	●	
	情殊	●	●	●	●	●	
	同情	●	●	●	●	●	
人事門 十 三	情變	●	●	●	●	●	
	檢情	●	●	●	●	●	
	略小	●	●	●	●	●	

人事門 十四	異趨	●	●	●	●	●	
	同歸	●	●	●	●	●	
	好名	●	●	●	●	●	
	好難	●	●	●	●	●	
人事門 十五	行權	●	●	●	●	●	
	貴智	●	●	●	●	●	
	性成	●	●	●	●	●	
	習能	●	●	●	●	●	
	易知	●	●	●	●	●	
	難知	●	●	●	●	●	
	誤知	●	●	●	●	●	
人事門 十六	莫知	●	●	●	●	●	
	懷憂	●	●	●	●	●	
	憂世	●	●	●	●	●	
	世變	●	●	●	●	●	
	傷志	●	●	●	●	●	
人事門 十七	嗟逝	●	●	●	●	●	
	譏調	●	●	●	●	●	
	託比	●	●	●	●	●	
	隱語	●	●	●	●	●	
	寓言	●	●	●	●	●	
	先後	●	●	●	●	●	
人事門 十八	通塞	●	●	●	●	●	
	道塞	●	●	●	●	●	
	順逆	●	●	●	●	●	
	順易	●	●	●	●	●	
	逆難	●	●	●	●	●	
	易成	●	●	●	●	●	
	難成	●	●	●	●	●	
人事門 十九	待成	●	●	●	●	●	
	藉勢	●	●	●	●	●	

人事門二十	審勢	●	●	●	●	●	
	勢阻	●	●	●	●	●	
人事門二十一	逐勢	●	●	●	●	●	
	勢然	●	●	●	●	●	
	勢盛	●	●	●	●	●	
	勢均	●	●	●	●	●	
人事門二十二	分量	●	●	●	●	●	
人事門二十三	遭遇	●	●	●	●	●	
	奮激	●	●	●	●	●	
人事門二十四	賴藉	●	●	●	●	●	
	因託	●	●	●	●	●	
人事門二十五	勸助	●	●	●	●	●	
	食報	●	●	●	●	●	
	相依	●	●	●	●	●	
	相資	●	●	●	●	●	
	有待	●	●	●	●	●	
	勝人	●	●	●	●	●	
	無方	●	●	●	●	●	
人事門二十六	才盛	●	●	●	●	●	
	才難	●	●	●	●	●	
	勞苦	●	●	●	●	●	
	危困	●	●	●	●	●	
人事門二十七	隱禍	●	●	●	●	●	
	橫禍	●	●	●	●	●	
	孤立	●	●	●	●	●	
	極反	●	●	●	●	●	
	反本	●	●	●	●	●	
	難全	●	●	●	●	●	
	難制	●	●	●	●	●	

人事門二十八	難必	●	●	●	●	●	
	難合	●	●	●	●	●	
	難竝	●	●	●	●	●	
	難支	●	●	●	●	●	
	事起	●	●	●	●	●	
	分定	●	●	●	●	●	
	無損	●	●	●	●	●	
人事門二十九	見大	●	●	●	●	●	
	小見	●	●	●	●	●	
	遇殊	●	●	●	●	●	
	不遇	●	●	●	●	●	
人事門三十	修治	●	●	●	●	●	
	持正	●	●	●	●	●	
	慎始	●	●	●	●	●	
	要終	●	●	●	●	●	
	勇爲	●	●	●	●	●	
人事門三十一	崇儉	●	●	●	●	●	
	克勤	●	●	●	●	●	
	適用	●	●	●	●	●	
	效用	●	●	●	●	●	
	善用	●	●	●	●	●	
人事門三十二	用長	●	●	●	●	●	
	韜光	●	●	●	●	●	
	適當	●	●	●	●	●	
	量力	●	●	●	●	●	
	趨時	●	●	●	●	●	
	順時	●	●	●	●	●	
人事門三十三	待時	●	●	●	●	●	
	遇時	●	●	●	●	●	
	審時	●	●	●	●	●	
	審理	●	●	●	●	●	

人事門 三十四	尚剛	●	●	●	●	●	
	尚柔	●	●	●	●	●	
	尚動	●	●	●	●	●	
	尚靜	●	●	●	●	●	
	尚先	●	●	●	●	●	
	尚後	●	●	●	●	●	
	尚速	●	●	●	●	●	
	尚遲	●	●	●	●	●	
人事門 三十五	尚義	●	●	●	●	●	
	尚勇	●	●	●	●	●	
	知命	●	●	●	●	●	
	和同	●	●	●	●	●	
	決斷	●	●	●	●	●	
	彊力	●	●	●	●	●	
人事門 三十六	見節	●	●	●	●	●	
	明覺	●	●	●	●	●	
	先見	●	●	●	●	●	
	見幾	●	●	●	●	●	
	有備	●	●	●	●	●	
人事門 三十七	豫圖	●	●	●	●	●	
	厚道	●	●	●	●	●	
	博愛	●	●	●	●	●	
	施德	●	●	●	●	●	
	順施	●	●	●	●	●	
	念故	●	●	●	●	●	
	利人	●	●	●	●	●	
人事門 三十八	覺人	●	●	●	●	●	
	不欺	●	●	●	●	●	
	難欺	●	●	●	●	●	
	念本	●	●	●	●	●	
	重本	●	●	●	●	●	
	固本	●	●	●	●	●	
	受言	●	●	●	●	●	
	改過	●	●	●	●	●	

人事門三十九	擇取	●	●	●	●	●	
	擇術	●	●	●	●	●	
	相成	●	●	●	●	●	
	消弭	●	●	●	●	●	
	適意	●	●	●	●	●	
	困達	●	●	●	●	●	
人事門四十	超群	●	●	●	●	●	
	通才	●	●	●	●	●	
	才大	●	●	●	●	●	
	大用	●	●	●	●	●	
	圖大	●	●	●	●	●	
人事門四十一	精藝	●	●	●	●	●	
	樂道	●	●	●	●	●	
	安遇	●	●	●	●	●	
	忘世	●	●	●	●	●	
	輕外	●	●	●	●	●	
人事門四十二	貴全	●	●	●	●	●	
	貴通	●	●	●	●	●	
	貴忘	●	●	●	●	●	
	知止	●	●	●	●	●	
	知足	●	●	●	●	●	
人事門四十三	各得	●	●	●	●	●	
	自得	●	●	●	●	●	
	有獲	●	●	●	●	●	
	再造	●	●	●	●	●	
	昌後	●	●	●	●	●	
人事門四十四	全生	●	●	●	●	●	
	免害	●	●	●	●	●	
	轉禍	●	●	●	●	●	
	生促	●	●	●	●	●	

	瑕疵	●	●	●	●	●	
人事門 四十五	過當	●	●	●	●	●	
	昏暗	●	●	●	●	●	
	乖異	●	●	●	●	●	
人事門 四十六	倒置	●	●	●	●	●	
	惑亂	●	●	●	●	●	
人事門 四十七	混淆	●	●	●	●	●	
	計失	●	●	●	●	●	
	令反	●	●	●	●	●	
人事門 四十八	荒縱	●	●	●	●	●	
	聽神	●	●	●	●	●	
	失道	●	●	●	●	●	
	失所	●	●	●	●	●	
人事門 四十九	悖理	●	●	●	●	●	
	越理	●	●	●	●	●	
	私己	●	●	●	●	●	
	用術	●	●	●	●	●	
	排善	●	●	●	●	●	
	害正	●	●	●	●	●	
人事門 五　十	害人	●	●	●	●	●	
	失人	●	●	●	●	●	
	失時	●	●	●	●	●	
	過時	●	●	●	●	●	
	業雜	●	●	●	●	●	
	小用	●	●	●	●	●	
	可欺	●	●	●	●	●	
人事門 五十一	貪得	●	●	●	●	●	
	貪惑	●	●	●	●	●	
	貪昧	●	●	●	●	●	
	昧禍	●	●	●	●	●	
	禍原	●	●	●	●	●	
人事門 五十二	養禍	●	●	●	●	●	
	寡效	●	●	●	●	●	
	生亂	●	●	●	●	●	

人事門 五十三	敗成	●	●	●	●	●	
	無及	●	●	●	●	●	
	莫振	●	●	●	●	●	
	禍及	●	●	●	●	●	
	滋甚	●	●	●	●	●	
人事門 五十四	必敗	●	●	●	●	●	
	徇外	●	●	●	●	●	
	節貌	●	●	●	●	●	
	亂眞	●	●	●	●	●	
	失眞	●	●	●	●	●	
	忽已	●	●	●	●	●	
人事門 五十五	忽大	●	●	●	●	●	
	自多	●	●	●	●	●	
	不量	●	●	●	●	●	
	強爲	●	●	●	●	●	
人事門 五十六	無用	●	●	●	●	●	
	干進	●	●	●	●	●	
	改節	●	●	●	●	●	
	竊位	●	●	●	●	●	
	譽失	●	●	●	●	●	
	材害	●	●	●	●	●	
人事門 五十七	善禍	●	●	●	●	●	
	見棄	●	●	●	●	●	
	無益	●	●	●	●	●	
人事門 五十八	愚人	●	●	●	●	●	
	不悟	●	●	●	●	●	
	兩失	●	●	●	●	●	
君道門一	履運	●	●	●	●	●	
	修德	●	●	●	●	●	
	敬畏	●	●	●	●	●	
	端尚	●	●	●	●	●	
	廣大	●	●	●	●	●	

君道門二	仁厚	●	●	●	●	●	
	精誠	●	●	●	●	●	
	操柄	●	●	●	●	●	
君道門三	獨斷	●	●	●	●	●	
	用眾	●	●	●	●	●	
	從諫	●	●	●	●	●	
	審聽	●	●	●	●	●	
	貴謙	●	●	●	●	●	
君道門四	貴公	●	●	●	●	●	
	貴因	●	●	●	●	●	
	貴信	●	●	●	●	●	
	貴一	●	●	●	●	●	
	貴密	●	●	●	●	●	
	法鑒	●	●	●	●	●	
君道門五	思危	●	●	●	●	●	
	戒察	●	●	●	●	●	
	戒侵	●	●	●	●	●	
	戒侈	●	●	●	●	●	
	戒滿	●	●	●			
	虛懷	●	●	●	●	●	
君道門六	用賢	●	●	●	●	●	
	辨才	●	●	●	●	●	
	知人	●	●	●	●	●	
	得人	●	●	●	●	●	
君道門七	任人	●	●	●	●	●	
	器使	●	●	●	●	●	
君道門八	擇任	●	●	●	●	●	
	專任	●	●	●	●	●	
	燭奸	●	●	●	●	●	
君道門九	取善	●	●	●	●	●	
	兼收	●	●	●	●	●	
	責實	●	●	●	●	●	
	酬功	●	●	●	●	●	

門類	子目						備註
君道門十	馭臣	●	●	●	●	●	
	敬臣	●	●	●	●	●	
	體臣	●	●	●	●	●	
	去讒	●	●	●	●	●	
	遠邪	●	●	●	●	●	
君道門十一	求士	●	●	●	●	●	
	致士	●	●	●	●	●	
君道門十二	養士	●	●	●	●	●	
	勤民	●	●	●	●	●	
	防壅	●	●	●	●	●	
	福慶	●	●	●	●	○	八十卷本之後分福瑞為福慶、瑞應
	瑞應	●	●	●	●	○	
	福瑞	○	○	○	○	●	
君道門十三	法天	●	●	●	●	●	
	盡道	●	●	●	●	●	
	神運	●	●	●	●	●	
	無為	●	●	●	●	●	
臣術門一	審任	●	●	●	●	●	
	守正	●	●	●	●	●	
	守職	●	●	●	●	●	
	明分	●	●	●	●	●	
	忠君	●	●	●	●	●	
	匡輔	●	●	●	●	●	
	進言	●	●	●	●	●	
臣術門二	諫諍	●	●	●	●	●	
	勤事	●	●	●	●	●	
	立功	●	●	●	●	●	
	進賢	●	●	●	●	●	
	稱任	●	●	●	●	●	
	行令	●	●	●	●	●	
	攻邪	●	●	●	●	●	
	盡職	●	●	●	●	●	

臣術門三	持體	●	●	●	●	●	
	恭順	●	●	●	●	●	
	一心	●	●	●	●	●	
	積誠	●	●	●	●	●	
	和衷	●	●	●	●	●	
	求助	●	●	●	●	●	
	不居	●	●	●	●	●	
	戒妒	●	●	●	●	●	
	戒隨	●	●	●	●	●	
臣術門四	戒貪	●	●	●	●	●	
	戒盛	●	●	●	●	●	
	憂國	●	●	●	●	●	
	重國	●	●	●	●	●	
	澤民	●	●	●	●	●	
	相道	●	●	●	●	●	
	擇主	●	●	●	●	●	
臣術門五	結知	●	●	●	●	●	
	思退	●	●	●	●	●	
	立節	●	●	●	●	●	
	保身	●	●	●	●	●	
	得君	●	●	●	●	●	
	得民	●	●	●	●	●	
德行門一	孝弟	●	●	●	●	●	
	廉潔	●	●	●	●	●	
	莊敬	●	●	●	●	●	
	謙退	●	●	●	●	●	
	履信	●	●	●	●	●	
德行門二	謹言	●	●	●	●	●	
	慎行	●	●	●	●	●	
	中行	●	●	●	●	●	
	蹈仁	●	●	●	●	●	

門類	子目						
德行門三	慎獨	●	●	●	●	●	
	積小	●	●	●	●	●	
	勵志	●	●	●	●	●	
	反己	●	●	●	●	●	
	自修	●	●	●	●	●	
	內修	●	●	●	●	●	
德行門四	特立	●	●	●	●	●	
	有本	●	●	●	●	●	
	執守	●	●	●	●	●	
	器局	●	●	●	●	●	
德行門五	齊家	●	●	●	●	●	
	婦道	●	●	●	●	●	
	甘隱	●	●	●	●	●	
德行門六	成德	●	●	●	●	●	
	德盛	●	●	●	●	●	
	大成	●	●	●	●	●	
	德驗	●	●	●	●	●	
	感孚	●	●	●	●	●	
德行門七	聲聞	●	●	●	●	●	
	無名	●	●	●	●	●	
	成物	●	●	●	●	●	
	企仰	●	●	●	●	●	
文章門一	文治	●	●	●	●	●	
	尚文	●	●	●	●	●	
	威儀	●	●	●	●	●	
	言論	●	●	●	●	●	
文章門二	經義	●	●	●	●	●	
	著述	●	●	●	●	●	
	翰墨	●	●	●	●	●	
	德暉	●	●	●	●	●	
	才藝	●	●	●	●	●	
	中美	●	●	●	●	●	
	飾治	●	●	●	●	●	
	有用	●	●	●	●	●	

文章門三	重質	●	●	●	●	●	
	貴質	●	●	●	●	●	
	修詞	●	●	●	●	●	
	體格	●	●	●	●	●	
	吐蘊	●	●	●	●	●	
	兼采	●	●	●	●	●	
	奇特	●	●	●	●	●	
文章門四	豐贍	●	●	●	●	●	目錄作瞻，誤
	簡約	●	●	●	●	●	
	擅長	●	●	●	●	●	
	均美	●	●	●	●	●	
	美疵	●	●	●	●	●	
	工拙	●	●	●	●	●	
	文病	●	●	●	●	●	
文章門五	飾外	●	●	●	●	●	
	戒靡	●	●	●	●	●	
	無補	●	●	●	●	●	
	召禍	●	●	●	●	●	
	好尚	●	●	●	●	●	
	窮究	●	●	●	●	●	
	評品	●	●	●	●	●	
	辨僞	●	●	●	●	●	
	學文	●	●	●	●	●	
學業門一	從師	●	●	●	●	●	
	取友	●	●	●	●	●	
	端習	●	●	●	●	●	
	必爲	●	●	●	●	●	
	積累	●	●	●	●	●	
學業門二	精專	●	●	●	●	●	
	不息	●	●	●	●	●	
	漸進	●	●	●	●	●	
	深造	●	●	●	●	●	
	折衷	●	●	●	●	●	
	探本	●	●	●	●	●	

	博古	●	●	●	●	●	
	存心	●	●	●	●	●	
學業門三	涵養	●	●	●	●	●	
	充才	●	●	●	●	●	
	求明	●	●	●	●	●	
	求道	●	●	●	●	●	
學業門四	求益	●	●	●	●	●	
	志惰	●	●	●	●	●	
	神悟	●	●	●	●	●	
	心得	●	●	●	●	●	
學業門五	要成	●	●	●	●	●	
	造士	●	●	●	●	●	
	成名	●	●	●	●	●	
	端本	●	●	●	●	●	
政治門一	尚德	●	●	●	●	●	
	創始	●	●	●	●	●	
	守成	●	●	●	●	●	
	法制	●	●	●	●	●	
政治門二	文武	●	●	●	●	●	
	寬嚴	●	●	●	●	●	
政治門三	教化	●	●	●	●	●	
	風俗	●	●	●	●	●	
	賞罰	●	●	●	●	●	
	號令	●	●	●	●	●	
政治門四	禮樂	●	●	●	●	●	
	齊禮	●	●	●	●	●	
	和樂	●	●	●	●	●	
	操約	●	●	●	●	●	
政治門五	防萌	●	●	●	●	●	
	交修	●	●	●	●	●	
	等則	●	●	●	●	●	
	均調	●	●	●	●	●	
政治門六	漸舉	●	●	●	●	●	
	寬大	●	●	●	●	●	
	明刑	●	●	●	●	●	

	尚威	●	●	●	●	●	
政治門七	簡易	●	●	●	●	●	
	貴平	●	●	●	●	●	
	節力	●	●	●	●	●	
	順民	●	●	●	●	●	
	安民	●	●	●	●	●	
政治門八	足民	●	●	●	●	●	
	激勸	●	●	●	●	●	一百二十卷本目錄原缺，據內文增補
	布澤	●	●	●	●	●	
	望治	●	●	●	●	●	
	理財	●	●	●	●	●	
政治門九	通變	●	●	●	●	●	
	撥亂	●	●	●	●	●	
	更新	●	●	●	●	●	
	久成	●	●	●	●	●	
政治門十	視效	●	●	●	●	●	
	治效	●	●	●	●	●	
	至治	●	●	●	●	●	
	固國	●	●	●	●	●	
	庇本	●	●	●	●	●	
政治門十一	強本	●	●	●	●	●	
	感召	●	●	●	●	●	
	歸心	●	●	●	●	●	
	征伐	●	●	●	●	●	
	選將	●	●	●	●	●	
	義兵	●	●	●	●	●	
政治門十二	要地	●	●	●	●	●	
	馭夷	●	○	○	●	●	因「夷」字違礙，故四庫本刪之
	暴兵	●	●	○	●	●	名稱違礙，文津閣本刪之

政治門十三	兵機	●	●	●	●	●	
	暴虐	●	●	●	●	●	
政治門十四	襲弊	●	●	●	●	●	
	更張	●	●	●	●	●	
	屯膏	●	●	●	●	●	
	喪亂	●	●	●	●	●	
	失民	●	●	●	●	●	
性理門一	貞一	●	●	●	●	●	
	各足	●	●	●	●	●	
	同然	●	●	●	●	●	
	本善	●	●	●	●	●	
	眞心	●	●	●	●	●	
	無我	●	●	●	●	●	
	至虛	●	●	●	●	●	
	因物	●	●	●	●	●	
性理門二	妙道	●	●	●	●	●	
	形色	●	●	●	●	●	
	殊塗	●	●	●	●	●	
	一定	●	●	●	●	●	
	心君	●	●	●	●	●	
性理門三	神清	●	●	●	●	●	
	治性	●	●	●	●	●	
	凝神	●	●	●	●	●	
	靜定	●	●	●	●	●	
	內求	●	●	●	●	●	
性理門四	守要	●	●	●	●	●	
	至人	●	●	●	●	●	一百二十卷本目錄原缺,據內文增補
	去情	●	●	●	●	●	
性理門五	去慾	●	●	●	●	●	
	去智	●	●	●	●	●	
	全眞	●	●	●	●	●	
性理門六	齊物	●	●	●	●	●	
	達觀	●	●	●	●	●	
	賊性	●	●	●	●	●	
	失常	●	●	●	●	●	

物宜門一	隨時	●	●	●	●	●	
	殊性	●	●	●	●	●	
	大小	●	●	●	●	●	
	榮枯	●	●	●	●	●	
	靈蠢	●	●	●	●	●	
物宜門二	美惡	●	●	●	●	●	
	變化	●	●	●	●	●	
	良能	●	●	●	●	●	
	各足	●	●	●	●	●	
物宜門三	天機	●	●	●	●	●	
	相戕	●	●	●	●	●	
	居處	●	●	●	●	●	
	避害	●	●	●	●	●	一百二十卷本目錄原作「譬害」，據八十卷本及內文校改
	從類	●	●	●	●	●	
	辨異	●	●	●	●	●	
	不齊	●	●	●	●	●	
物宜門四	物產	●	●	●	●	●	
	土宜	●	●	●	●	●	
	種樹	●	●	●	●	●	
	珍異	●	●	●	●	●	
	見貴	●	●	●	●	●	
物宜門五	順性	●	●	●	●	●	
	人為	●	●	●	●	●	
	制器	●	●	●	●	●	
	審用	●	●	●	●	●	
	失實	●	●	●	●	●	
	同情	○	○	○	○	●	
	屈伸	○	○	○	○	●	
	相受	○	○	○	○	●	
總　計		586	585	584	586	587	

附錄二　《喻林》引用書目

說明：

1. 此表以一百二十卷本所收之書目爲底本，實際收錄情形亦以一百二十卷本爲準。

2. ●表示該書有收錄；○表示該書未收錄。

一百二十卷	八十卷	五十卷	實際收錄情形	
經				
易	●	●	●	
京氏易傳	●	○	●	
京氏易傳註	●	○	●	
王弼註易	●	●	●	
周易略例	●	●	●	
韓康伯註易繫辭	●	○	●	
周易音義	●	○	●	
周易正義	●	○	●	
書	●	●	●	
孔氏傳書	●	●	●	
尚書正義	●	○	●	
詩	●	●	●	
詩說	○	○	●	
毛詩	●	●	●	
鄭氏箋詩	●	●	●	

韓詩外傳	●	●	●	
毛詩正義	●	○	●	
禮記	●	●	●	
大戴禮記	●	●	●	
鄭氏註禮	●	●	●	
禮記正義	●	○	●	
周禮	●	●	●	
鄭氏註周禮	●	●	●	
春秋左傳	●	●	●	
杜氏解左傳	●	●	●	
春秋繁露	●	●	●	
春秋正義	●	○	●	
公羊傳	●	●	●	
何休解公羊	●	●	●	
穀梁傳	●	●	●	
范寧解穀梁	●	●	●	
論語	●	●	●	
何晏解論	●	●	●	
孝經	●	●	●	
孟子	●	●	●	
趙氏註孟	●	●	●	
孔子家語	●	●	●	
孔子集語	●	●	●	
大學	●	●	●	
中庸	●	●	●	
三墳	●	●	●	
爾雅	●	●	●	
乾坤鑿度	●	●	●	
史				
竹書紀年	●	●	●	
國語	●	●	●	
國語解	○	○	●	

晉文春秋	●	●	●	
吳越春秋	●	●	●	
越絕書	●	●	●	
戰國策	●	●	●	
史記	●	●	●	
前漢書	●	●	●	
前漢紀	●	●	●	
後漢書	●	●	●	
後漢紀	●	●	●	
魏志	●	●	●	
蜀志	●	●	●	
吳志	●	●	●	
華陽國志	●	●	●	
晉書	●	●	●	
宋書	●	●	●	
南齊書	●	●	●	
梁書	●	●	●	
陳書	●	●	●	
魏書	●	●	●	
北齊書	●	●	●	
周書	●	●	●	
隋書	●	●	●	
南史	●	●	●	
北史	●	●	●	
汲冢周書	●	●	●	
穆天子傳	●	●	●	
西京雜記	●	●	●	
				〈政治·馭夷〉收錄一則《元史·高麗傳》的資料
子				
廣成子	●	●	●	
鬻子	●	●	●	

太公六韜	●	●	●	
管子	●	●	●	
晏子	●	●	●	
禽經	●	●	●	
老子	●	●	●	
文子	●	●	●	
子華子	●	●	●	
亢倉子	●	●	●	
關尹子	●	●	●	
鶡冠子	●	●	●	
鄧析子	●	●	●	
尹文子	●	●	●	
列子	●	●	●	
莊子	●	●	●	
墨子	●	●	●	
司馬法	●	●	●	
孫武子	●	●	●	
公孫龍子	●	○	●	
商子	●	●	●	
吳子	●	●	●	
鬼谷子	●	●	●	
慎子	●	●	●	
荀子	●	●	●	
韓非子	●	●	●	
尉繚子	●	●	●	
素書	●	●	●	
三略	●	●	●	
呂氏春秋	●	●	●	
陸子	●	●	●	
河上公	●	●	●	
賈子	●	●	●	
淮南子	●	●	●	

神異經	○	○	●	
孔叢子	●	●	●	
小爾雅	●	○	●	
鹽鐵論	●	●	●	
說苑	●	●	●	
新序	●	●	●	
烈（列）女傳	●	●	●	
焦氏易林	●	●	●	
揚子	●	●	●	
太玄經	●	●	●	
方言	●	●	●	
別國洞冥記	○	○	●	
白虎通	●	●	●	
風俗通	●	●	●	
申鑒	●	●	●	
許氏說文	●	●	●	
釋名	●	●	●	
忠經	●	●	●	
潛夫論	●	●	●	
昌言	●	●	●	
天祿閣外史	●	●	●	
蔡中郎集	●	●	●	
獨斷	○	○	●	
楚辭註	●	○	●	
呂氏春秋解	●	●	●	
淮南子解	●	●	●	
論衡	●	●	●	
武侯心書	●	●	●	
武侯十六策	●	●	●	
曹子建集	●	●	●	
人物志	●	●	●	
中論	●	●	●	

博物志	●	●	●	
禽經註	●	○	●	
山海經	●	●	●	
嵇中散集	●	●	●	
南方草木狀	●	●	●	
張湛註列子	●	●	●	
拾遺記	●	●	●	
抱朴子	●	●	●	
郭象註莊子	●	●	●	
太玄經解	●	●	●	
古今注	●	●	●	
陶靖節集	●	○	●	
述異記	○	○	●	
文心雕龍	●	●	●	
詩品	●	●	●	
書品	●	●	●	
顏氏家訓	○	○	●	
劉子	●	●	●	
關氏易傳	●	●	●	
元包經	●	●	●	
文中子	●	●	●	
莊子音義	●	○	●	
前漢書註	●	○	●	
揚子法言註	●	○	●	
李善註文選	●	○	●	
天隱子	●	●	●	
集				
楚辭	●	●	●	
文選	●	●	●	
文選補遺	●	●	●	
廣文選	●	●	●	
古文苑	●	●	●	

書名				
世說新語	●	●	●	
意林	●	●	●	
藝文類聚	●	●	●	
事文類聚	●	●	●	
文苑英華	●	●	●	
太平御覽	●	●	●	
埤雅	●	●	●	
爾雅翼	●	●	●	
初學記	●	●	●	
事類賦	●	●	●	
玉海	●	●	●	
困學紀聞	●	○	●	
何氏語林	●	●	●	
五燈會元	●	●	●	
雜				
本草	●	○	●	
无上內秘藏經	●	●	●	
三十六部尊經	●	●	●	
海空智藏經	●	●	●	
玉皇本行集經	●	●	●	
虛皇四十九章	●	●	●	
陰符經	●	●	●	
陰符經集註	●	●	●	
陰符經註	●	●	●	
黃帝宅經	●	●	●	
黃帝本行記	●	●	●	
漢武帝內傳	●	●	●	
漢武帝外傳	●	●	●	
烈（列）仙傳	●	●	●	
華陽陶隱居傳	●	●	●	
靈寶自然妙經	●	●	●	
靈寶通微經	●	●	●	

靈寶祕密藏經	●	●	●	
靈寶眞文要解	●	●	●	
元陽妙經	●	●	●	
西昇經	●	●	●	
道德經註	●	●	●	
道德經四子集解	●	●	●	
道德經指歸	●	●	●	
道德經註疏	●	●	●	
養性延命錄	●	●	●	
攝生養性論	●	●	●	
聖母資傳仙道	●	●	●	
參同契	●	●	●	
黃帝素問	●	●	●	實際收錄《黃帝內經素問》與《黃帝素問靈樞經》二書
華陽陶隱居集	●	●	●	
天機經	●	●	●	
玉清經	●	●	●	
大乘妙林經	●	●	●	
金庭無爲妙經	●	○	●	
大般若波羅蜜多經	●	●	●	
放光般若波羅蜜經	●	●	●	
光讚般若波羅蜜經	●	●	●	
道行般若波羅蜜經	●	●	●	
小品般若波羅蜜經	●	●	●	
大明度無極經	●	●	●	
勝天王般若波羅蜜經	●	●	●	
無上清淨分衛經	●	●	●	
仁王護國般若波羅蜜經	●	●	●	
大寶積經	●	●	●	
大方廣三戒經	●	●	●	
佛說阿彌陀經	●	●	●	
佛說無量壽經	●	●	●	

佛說阿閦佛國經	●	●	●	
佛說決定毗尼經	●	●	●	
發覺淨心經	●	●	●	
優填王經	●	●	●	
阿述達菩薩經	●	●	●	
慧上菩薩問大善權經	●	●	○	
大乘顯識經	●	●	●	
佛遺日摩尼寶經	●	●	●	
摩訶衍寶嚴經	●	●	●	
毘耶娑問經	●	●	●	
大方等大集經	●	●	●	
大乘大方等日藏經	●	●	●	
大方等大集月藏經	●	●	●	
大乘大集地藏十輪經	●	●	●	
大方廣十輪經	●	●	●	
虛空孕菩薩經	●	●	●	
虛空藏菩薩經	●	●	●	
佛說菩薩念佛三昧經	●	●	●	
大集菩薩念佛三昧經	●	●	●	
般舟三昧經	●	●	●	
大方等大集賢護經	●	●	●	
阿差末菩薩經	●	●	●	
無盡意菩薩經	●	●	●	
大方廣佛華嚴經	●	●	●	
金光明最勝王經	●	●	●	
寶如來三昧經	●	●	●	
正法華經	●	●	●	
普超三昧經	●	●	●	
力莊嚴三昧經	●	●	●	
大方等陀羅尼經	●	●	○	
僧伽吒經	●	●	●	
華手經	●	●	●	

法集經	●	●	●	
觀佛三昧海經	●	●	●	
大方便佛報恩經	●	●	●	
菩薩本行經	●	●	●	
菩薩處胎經	●	●	●	
鴦崛摩羅經	●	●	●	
明度五十校計經	●	●	●	
中陰經	●	●	●	
大法鼓經	●	●	●	
文殊師利問經	●	●	●	
大方廣如來祕密藏經	●	●	●	
大乘密嚴經	●	●	●	
占察善惡業報經	●	●	●	
佛說蓮華面經	●	●	●	
文殊師利問菩薩署經	●	●	●	
大毗盧遮那成佛神變加持經	●	●	●	
大乘造像功德經	●	●	●	
蘇婆呼童子經	●	●	●	
佛遺教經	●	●	●	
七佛所說神呪經	●	●	●	
文殊師利寶藏陀羅尼經	●	●	●	
佛說佛地經	●	●	●	
佛說魔逆經	●	●	●	
諸法最上王經	●	●	●	
佛臨涅槃記法住經	●	●	●	
金剛三昧本性清淨經	●	●	●	
金剛三昧經	●	●	●	
淨行法門經	●	●	●	
天王太子辟羅經	●	●	●	
佛說長阿含經	●	●	●	
中阿含經	●	●	●	
增壹阿含經	●	●	●	

雜阿含經	●	●	●	
別譯雜阿含經	●	●	●	
長阿含十報法經	●	●	●	
佛般泥洹經	●	●	●	
佛說梵志阿颰經	●	●	●	
起世因本經	●	●	●	
樓灰經	●	●	●	
佛說四諦經	●	●	●	
中本起經	●	●	●	
泥犁經	●	●	●	
佛說梵魔喻經	●	●	●	
佛說箭喻經	●	●	●	
須摩提女經	●	●	●	
佛說鴦崛髻經	●	●	●	
十一想思念如來經	●	●	●	
佛說七處三觀經	●	●	●	
太子瑞應本起經	●	●	●	
佛說四十二章經	●	●	●	
法海經	●	●	●	
海八功德經	●	●	●	
佛說罪業報應經	●	●	●	
長者音悅經	●	●	●	
禪祕要法經	●	●	●	
佛說七女經	●	●	●	
佛說越難經	●	●	●	
佛說五苦章句經	●	●	●	
佛說堅意經	●	●	●	
佛說淨飯王般涅槃經	●	●	●	
得道梯隥錫杖經	●	●	●	
三摩竭經	●	●	●	
佛說生經	●	●	●	
佛說義足經	●	●	●	

正法念處經	●	●	●	
佛本行集經	●	●	●	
本事經	●	●	●	
佛說大安般守意經	●	●	●	
佛說罵意經	●	●	●	
佛說阿含正行經	●	●	●	
須摩提長者經	●	●	●	
四願經	●	●	●	
佛說弟子死復生經	●	●	●	
天請問經	●	●	●	
佛說群牛譬經	●	●	●	
佛說身觀經	●	●	●	
佛說無常經	●	●	●	
佛說譬喻經	●	●	●	
大正句王經	●	●	●	
佛說舊城喻經	●	●	●	
無畏授所問大乘經	●	●	●	
佛說醫喻經	●	●	●	
佛說尼拘陀梵志經	●	●	●	
佛說身毛喜豎經	●	●	●	
佛說大集會正法經	●	●	●	
大方廣未曾有經善巧方便品	●	●	○	
出曜經	●	●	●	
脩行道地經	●	●	●	
佛說佛醫經	●	●	○	
惟日雜難經	●	●	●	
思惟要略法	●	●	●	
菩薩本緣經	●	●	●	
百喻經	●	●	●	
坐禪三昧法門經	●	●	●	
禪要呵欲經	●	●	●	
內身觀章句經	●	●	●	

達摩多羅禪經	●	●	●	
禪法要解經	●	●	●	
雜寶藏經	●	●	●	
那先比丘經	●	●	●	
舊雜譬喻經	●	●	●	
雜譬喻經	●	●	●	
眾經撰襍譬喻經	●	●	●	
法句經	●	●	●	
無明羅剎經	●	●	●	
阿育王譬喻經	●	●	●	
阿育王經	●	●	●	
阿育王傳	●	●	●	
法句譬喻經	●	●	●	
四阿含暮抄解	●	●	●	
三慧經	●	●	●	
一百五十讚佛頌	●	●	●	
小道地經	●	●	●	
龍樹菩薩傳	●	●	●	
提婆菩薩傳	●	●	●	
菩薩地持經	●	●	●	
菩薩善戒經	●	●	●	
佛說淨業障經	●	●	●	
大智度論	●	●	●	
文殊問菩提經論	●	●	●	
遺教經論	●	●	●	
瑜伽師地論	●	●	●	
中論	●	●	●	
十二門觀論	●	●	●	
十八空論	●	●	●	
百論	●	●	●	
廣百論	●	●	●	
十住毘婆沙論	●	●	●	

菩提資糧論	●	●	●	
大莊嚴經論	●	●	●	
攝大乘論	●	●	●	
大乘莊嚴經論	●	●	●	
攝大乘論釋	●	●	●	
佛性論	●	●	●	
究竟一乘寶性論	●	●	●	
入大乘論	●	●	●	
如實論	●	●	●	
大乘法界無差別論	●	●	●	
阿毗曇八揵度論	●	●	●	
達摩法蘊足論	●	●	●	
法勝阿毗曇心論	●	●	●	
雜阿毗曇心論	●	●	●	
阿毗曇甘露味論	●	●	●	
隨相論	●	●	●	
解脫道論	●	●	●	
集沙門不應拜俗等事	●	●	●	
辯正論	●	●	●	
高僧傳	●	●	●	
弘明集	●	●	●	
法苑珠林	●	●	●	
維摩詰所說經	●	○	●	
羅什譯維摩詰經	●	○	●	
僧肇註維摩詰經	●	○	●	
				實際收錄《佛說阿闍貫王女阿術達菩薩經》為〈採摭書目〉所無

附錄三　徐元太著作輯佚

一、〈新建龍會橋記〉〔註1〕明徐元太宣城

　　南陵縣龍會橋成，是役也，始於甲申之春，迄冬告成。攢勞均力，咸有經紀，蓋南陵爲吾郡屬邑，去郡九十里，當山水之間居；然□陋區也，顧地勢南高北下，高則易淤，下則易洩，風氣漸以不古。

　　今上八年，沈侯來尹茲邑，周覽山川，博詢民俗，得邑治東北一里外有谿，其源有二：一由縣西三十里工山龍池出泉，繞縣西北而入，一由縣南六十里水龍洞出泉，繞縣東南而□（案：疑入），異源同流，俱匯於斯。形家言溪上宜建橋梁，歲饑未□舉，比侯入覲回，從士子請移學宮，乃聚財鳩工，三閱月而竣，復以餘力培籍山、補文峰，主者仍報羨若干，會士子以橋請侯，嘆曰：「學宮，堂奧也；谿梁，扃鑰也。堂奧尊而扃鑰不固，奚益，奈功鉅何？」乃集父老、鄉大夫、士議會，曰：「倘得經始費不貲，必有好義者出面應焉。」侯命主者仍督其事，復以兩僧道募於橋，所募不足，則以義穀濟，猶恐緣而生姦，於是科罰有戒，告獻有戒，主者亦竭心力，且暮從事，顧溪水春漲多涸，漲則艱於下水；涸則艱於運石，蓋兩難之。侯乃齋沐虔禱，幸雨陽時若，得以按時舉事，架石爲梁，下空五洞，直跨一百六十六尺，廣一十八尺，繚以石欄，堤以石磯，巍如翼如。工舉而費罔官損，役匪農妨，行旅樂於往來，士女聯裾遊遨，騷人墨士暢詠其上。形勢盤踞，風氣蓄聚，千百年未有之，事不動聲色，而一旦告成，無窮之福，伊誰之德，宜乎都人，士愛詠之也。

　　余每慨郡邑吏，喜事失之急，畏事失之緩，敝精於簿書期會之間，而矻矻營營

〔註1〕　（清）宋斅、錢人麟等纂修《寧國府志》（台北：成文出版社）影印乾隆十八年刊本，收錄於《中國方志叢書》693號，頁2535～2536。

失之俗，所求敦大體、協時宜，天人交相，不勞而成功，不已鮮乎？余因侯之斯舉也，不能無所感矣。橋成，邑之舉人管橘來，請余記，余樂侯有古循吏風，乃述其事之顛末如此。橋名龍會，取前所云二水交會之義。侯姓沈名堯中，庚辰進士，嘉禾人。

二、〈重修雙溪李公橋記〉〔註2〕明徐元太邑人

吾郡阻山，奠基則二水，實匯爲巨浸，宛薄城址。次東而句，句不上四里許，又分支流，北導爲雙溪，溪本三而名雙者，統於句也。雙谿當東道孔，不利涉，梁之自縣簿李君始，君諱文，堯之，嶧陽人，由國子，正德三年任是役也，不煩官，不歛民，鬻其家騾車十餘輛，數百金，屬兄子杲，董之，歷期月告成。甫艱去，以故覆砥之上，欄闌缺焉，曠幾百年，洪波湍悍，加以車轔，面齬趾泐，不葺且敗。不佞有先人隴畝，歲嘗一再過，輒欷歔太息曰：「安得起李君九原，乘其敝而飭之也。」癸卯湘潭張理公適攝郡篆，捐金築新稔壩，親閱之，不佞以與事陪，因問及雙橋不葺且敗狀，且述李君刱建之德，公憮然曰；「世固有奇男子，能從矮屋下如此頭耶？府藏之餘，非家積也，吾何恡，焉不以延李澤。」暮歸，立召工，估值若干金，命縣尉王世忠督焉，不三月而下之，仍於舊者堅壘，次鱗厚增重跗上之，易以新者，直砥齦編，扶闌翼接，凡汍蘇杭越之輿徒，往來駢轃，莫不顧瞻驚愕，謂是何蟠腰鯨背之非昔侔也，環橋而廬者，聚族謀鑱石，以余嘗慫恿，是遂丐一言用志，戴衷於永永。余念張公，前爲宣歙距稅，使爲膠庠，建天柱閣，爛焉明德，豈其憖俎豆於杓之人，此所費幾何，與固惠濟橋堤等耳，何事碑，抑又聞之政貴宜民，不矜已立功，期濟物不必己，成自惟有道能，然世豈乏材，彼實艱慮，始惎克終，未免次，且於勞費而力稱能任，又恥襲前人，故業務多新刱，以市聲均於循理懿修無當也。張公負絕世之才識，固宜功懋而譽隆，迺其汲汲爲民造福，朝聞則朝行之，夕聞則夕行之，至於墮前遺愛爲己愬，心庶幾無我矣，曷可無碑，且宛直達而句獨沿數百里而分，分五十里而合，則其地奇徒梁皆守令事，而李君以簿簿非分也，張君以法曹，法曹非守也，世有興鉅役不藉民，復不繇守令者乎？則其人奇舉事必勞，勞則怨，今建者職卑，錢出諸家，修者職尊，錢出諸官，然其羨猶之家也，功集而民無勞，怨於何有，則其事奇，爲宣重橋，故名李公甘棠，勿翦之思，爲日久矣，而張公又李官也，房之左角爲李理物以起，而旗即其屬旗，居所則津梁通，是奇之中又有奇焉，聊著之以紀天

〔註 2〕　（清）李應泰、章綬等修纂《宣城縣志》（台北：成文出版社）影印光緒十四年（1888）
　　　　　刊本，收錄於《中國方志叢書》654 號，頁 2578～2582。

人交通之會焉。

三、〈尹侯祠碑記〉〔註3〕徐元太

　　祠者何？昉諸禮之法，施於民則祀，以勞定國則祀，能捍大患則祀，祠而必以像者何？昉諸畏壘之民之相與尸而祝之，社而稷之也。夫民何私侯，侯亦何私於民，且比部清華不及銓郎及諫議，而威重不及御史臺之拊臨我，而以昭蘇，而以駘籍，可冀非常恩澤即侯，誠藉此以階腴仕都顯融，而吾儕小人朝不謀夕，諸父老率皆龐眉鶴髮，各七八十歲，聚族從誦侯而數之不能終物，此豈有智計籠絡，威重彎制，顧使之維結不散哉！意必其人爲仁人，爲神君，深得其所以然，而超出于智計威力之外，故能忘其忘，而不能忘其所不忘也。然其數之何以其言，曰兩造既具，右闒右則孱弱踣頓，而民病藉矯之以一偏而刁悍成風，則內蠹心術，外蠹身家，而民愈病，侯壹以平持之，大室無瞷，民之豪而澆滑歛跡，獄訟清矣。侯雖辟神奸，嚴武斷，自鬼薪城旦春以上不輕論，而況大辟，縣師徵賦歲以什上民力用紓。

　　凡攝即遣比長胥史不下鄉吏日抱牘對而已，官所取供必市同價，春至則巡畝，首勸農桑，夏至省菑旱察凋瘵，秋冬則審原隰淳鹵之勢，爲壩者一，爲圩者三，不遺餘力，歲稍祲則請折色代漕糧，恐米價之騰貴也，則爲之徵賤以平之，旅幣則闇吏卻之不及，庭鐶贖則筦吏守之不及，室部使者至莝具器，不煩市儈，兩上計莝，攜祿入行，不侵公帑，至且行矣。爲庚籍凡兩越月即竣事，丁戶耗者，許黨正公議以聞，餘勘酌丁與田之多寡以贏其數，毋漏甲而浮乙，蓋侯以月當人之歲，其幹略殊矣，然其所難者，宣城地衍，潴厓□相錯，絕未有礦而中使銜尺一至問之窅窅中無有勢不能無宣索不已，勢遂不能無橫溢則調護之難，宣民椎樸，喜稼穡不仰機利而食，唯是蹲鴟果布之屬，相市易即闌出不能當吳會什一而黃池特有稅則設處之難，侯于兩使陽嘔濡之而實弄之股掌之上，掣其肘腋不得行礦，竟數百緡而稅事，徒取供文具，此固吾宣宜世世血祀者也，至若新黌序，緝城垣以悳禮作人而士彬彬嚮風四境不嚴而治此有繇本矣。夫安得此豈弟精明之長久父母乎？夫古之三老五更胥有合語而後惇史書之明陟行焉，自漢廢惇史任案部，而老更率得以其語稽殿最之數其職重矣。夫此父老者，其亦如古宣悳事於民而更覆曉說者乎？顧漢之卓密令魯中牟各有異政而朱桐鄉獨以長者稱民，相與祀之不替，是何赫赫者之震耀一時，反不如悶悶者之愈歙愈張也，則循與才異也，今庶姓於侯去而唯恐其不來，來而唯恐其速去，去之日有頓顙者，有呼號者，有泣者，有矢歌而頌者，有扳車而臥者，猶曰感父母之孔邇而有懷明發若赤子之乍免于裸不勝孺慕云爾，若夫去而思，思而必欲肖

〔註 3〕同前注，頁 2582～2588。

其像併勒之麗牲之石，以其圖不朽，非侯之精誠深得其所以然，而超出于智計威力之外然乎哉，不佞其亦何當惇史夫，亦曰斯民也，三代之所以直道而行，則不佞固無所庸譽矣。

侯姓尹，名三聘，字子重，浙之山陰人，維上二十有三年，山陰尹侯來蒞茲土，訟平政清，百度咸秩，庶有甯宇，豈弟君子民之攸暨爲眾父，父乃省耕稼乃課桑麻，原田膴膴，乃相原隰，爲防爲潚，晦鍾以刾，神姦既辟，于橄既飭，無逋逃主不作，人鼓篋孫業，士都且嫭，厥才維何？射元射白勿參以伍，厥醽維何？案窮委宛，如璪如俎，孰能方之，庶幾桐鄉無問卓魯，帝曰嘉哉！簡在庶尹爲爽鳩部唯齊非齊協民于極罔麗辠藪征夫戒塗田于畯市罷於賈老羸遮道號泣旻天去我何怙侯亦拭淚哀爾赤子甯不予憮，畏此簡書，欲留不得留，亦何補，輿隸誦言豈必翁歸文武吉甫其伐貞珉樹之道左歌且儌願言千禩後事之師於斯乎取。萬曆壬寅月。

四、《口筆刀圭錄・序》〔註4〕

嘉定毛使君在芸閣日節錄諸史，自周建隋，合十代，次爲九卷，題曰：《口筆刀圭》。

余同籍陳方伯味其旨，爲校而藏諸篋，故未行於世。頃余以無役至蜀，方伯適遷楚藩，便道謁余，出一編，視之曰：「茲故檢討毛公之所輯也，輯甫成，會忤當國者，謫官去，乃以其草屬不佞，直意固有，在當是時，直方困經生家言，烏足與論古，第以鄉之先達所命，敬承之且久未報者，誠有所待，今毛公已矣，茲編泯沕不彰，負知己於地下，直之皋也。幸明公爲政，存故舊而舉遺文，都人士咸厭沾濡，毛公獨能無望於九原乎，矧毛公以介立見窘，亦有當明公之心者，願以茲編徼惠。」余雅慕使君爲人，重以方伯之請，因敘其耑，以授梓人。

夫使君之所述者，其事恢而要，其辭華而典，上下千載，世之治亂，人之臧否，展袠不畢日可悉其概，不假笈而能致遠，是彌便於宦游者。方伯顧不爲帳中之秘，眂昔人賢；然覈其事之所緜成，惟其名之所緜顯，非善甄者能乎？若徒採擷華藻，以娛子墨客卿，則乖刺述者之旨矣，方伯曰：「不然，茲豈逢世之資，必欲求合於人哉，方今談秇者，可左馬而奇莊列，即《昭明文選》、東萊史節猶以疏蔓見彈割裂之嗤，爰焉寧道，且毛公言，以人得忘言之眇用，所謂刀圭者，亦在人信，其爲良劑，味之而後慧覺也，彼無信心者，安從起其廢疾哉。」緊此非余之所能儰也，又何置喙。

萬曆丁亥夏五月，宛陵（案：亦宣城古地名）徐元太撰

〔註4〕毛起編《口筆刀圭錄》（明）萬曆丁亥（十五年，1587）刊本。

引用書目

說明：

※本引用書目以經、史、子、集、研究專書、期刊、工具書、電子資料爲序。

※同類資料之排列，大抵以撰成先後爲序。

※史部書目，以臺灣、大陸、香港所藏爲先，日本次之，美國再次之。

一、經　部

1. 《周易》，收錄於《十三經注疏》，（臺北：藝文印書館）影印嘉慶二十年江西南
　　昌府學刊本

二、史　部

（一）正　史

1. （唐）魏徵、令狐德棻《隋書》（北京：中華書局，1973 年 8 月）

2. 《明史》（台北：藝文印書館）影印（清）乾隆武英殿刊本。

（二）實　錄

1. （清）龍文彬纂《明會要》（臺北：世界書局，民 49 年（1960）11 月）

2. 《明實錄・神宗實錄》（中央研究院歷史語言研究所，民 55 年（1966）4 月）據
　　國立北平圖書館藏紅格本微卷影印。

3. 李國祥、楊昶主編，劉重來等編《明實錄類纂・職官任免卷》（武漢：武漢出版
　　社）1995 年 7 月。

（三）書　目

1. （宋）陳振孫《直齋書錄解題》（臺北：廣文書局，民國 57 年（1968）3 月）影
　　印武英殿聚珍本。

2. 《千頃堂書目》（台北：廣文書局）影印《適園叢書》本，收於《書目叢編》。

3. （清）黃虞稷撰，瞿鳳起、潘景鄭整理《千頃堂書目》（附索引，高震川、韓振剛編）（上海：上海古籍出版社，2001 年 7 月）。

4. （清）永瑢、紀昀等《四庫全書總目》（北京：中華書局，1965 年 6 月）影印浙江本，頁 1154。。

5. （清）丁仁《八千卷樓書目》（台北：廣文書局）。

6. 《臺灣公藏善本書目書名索引》（臺北：國立中央圖書館，民 60 年（1971）6 月）。

7. 《北京圖書館古籍善本書目》（北京：書目文獻出版社）。

8. 鄧嗣禹《燕京大學圖書館目錄初稿——類書之部》，（台北：大立出版社，1982 年）。

9. 中國科學院圖書館編《中國科學院圖書館藏中文古籍善本書目》（北京：科學出版社，1994 年）。

10. 中國古籍善本書目編輯委員會編《中國古籍善本書目》（上海：上海古籍出版社，1996 年 12 月）。

11. 國家圖書館特藏組編《國家圖書館善本書志初稿》（台北：國家圖書館特藏組，1998 年 6 月）。。

12. 陽海清《中南、西南地區省、市圖書館館藏古籍稿本提要》（武漢：華中理工大學出版社，1998 年 11 月）。

13. 北京大學圖書館編《北京大學圖書館藏古籍善本書目》（北京：北京大學出版社，1999 年 6 月）。

14. 浙江圖書館古籍部編《浙江圖書館古籍善本書目》（杭州：浙江教育出版社，2002 年 11 月）。

15. 北京師範大學圖書館古籍部編《北京師範大學圖書館古籍善本書目》（北京：北京圖書館出版社）2002 年 7 月。

16. 清華大學圖書館編《清華大學圖書館藏善本書目》（北京：清華大學出版社，2003 年 1 月）。

17. 張宗茹、王恆柱編纂《山東師範大學圖書館館藏古籍書目》（濟南：齊魯書社）2003 年 5 月。

18. 賈晉華主編《香港所藏古籍書目》（上海：上海古籍出版社，2003 年 12 月）。

19. 《尊經閣文庫漢籍分類目錄》（出版地、出版者不詳，昭和 9 年（1934）3 月）。

20. 《內閣文庫漢籍分類目錄》（臺北：進學出版社，民 59 年（1970））據昭和 31 年（1956）內閣文庫本影印。

21. 《京都大學文學部所藏漢籍目錄》（京都：彙文堂書店，昭和 34 年（1959）4 月）。

22. 《京都大學人文科學研究所漢籍分類目錄》（京都，昭和 38 年（1963）9 月）。

23. 諸橋轍次編《靜嘉堂文庫漢籍分類目錄》（臺北：大立出版社，民 69 年（1980）

6 月）。

24. 東京大學東洋文化研究所編《東京大學東洋文化研究所漢籍分類目錄》（東京：汲古書院，昭和 56 年（1981）3 月）合冊訂正縮印版。

25. 王重民輯錄，袁同禮重校《（美國）國會圖書館藏中國善本書錄（目）》（北縣：文海出版社，民 61 年（1972）1 月）。

26. 屈萬里撰《普林斯敦大學葛思德東方圖書館中文善本書志》（北縣：藝文印書館，民 64 年（1975）1 月）。

27. 《美國哈佛大學哈佛燕京圖書館中文善本書志》（上海：上海辭書出版社，1999 年 2 月）。

（四）方　志

1. （明）陳俊等修、沈懋學等纂《寧國府志》（台北：成文出版社）影印萬曆五年（1577）刊本，收錄於《中國方志叢書》691 號。

2. （清）莊泰弘等纂修《寧國府志》（台北：成文出版社）影印康熙十二年（1673）刊本，收錄於《中國方志叢書》692 號。

3. （清）劉於義等監修，沈青崖等編纂《陝西通志》（台北：臺灣商務印書館）影印文淵閣四庫全書。

4. （清）劉於義等監修，沈青崖等編纂《陝西通志》（北京：商務印書館）影印文津閣四庫全書。

5. （清）吳飛九、楊廷棟等修纂《宣城縣志》（台北：成文出版社）影印乾隆四年刊本，收錄於《中國方志叢書》652 號，。

6. （清）宋斅、錢人麟等纂修《寧國府志》（台北：成文出版社）影印乾隆十八年刊本，收錄於《中國方志叢書》693 號。

7. （清）李應泰、章綬等修纂《宣城縣志》（台北：成文出版社）影印光緒十四年（1888）刊本，收錄於《中國方志叢書》654 號。

8. （清）魯銓、鍾英修，洪亮吉、施晉纂《寧國府志》，收錄於《續修四庫全書》711 冊。

9. （清）王彬、朱寶慈等修纂《江山縣志》（臺北：成文出版社）影印同治十二年（1873）刊本，收錄於《中國方志叢書‧華中地方》67 號。

（五）傳　記

1. （明）過庭訓《本朝分省人物考》，收錄於《明代傳記叢刊》（台北：明文書局，1991 年），132 冊。

2. （清）錢謙益《列朝詩集小傳》（台北：世界書局，民 50 年（1961）2 月）。

3. 《墨林今話》。周駿富《清代傳記叢刊》（台北：明文書局）73 冊。

4. 《詞林輯略》。周駿富《清代傳記叢刊》（台北：明文書局）16 冊。

5. 《昭代名人尺牘續集小傳》。周駿富《清代傳記叢刊》（台北：明文書局）32 冊。

三、子 部

（一）類 書

1. 《北堂書鈔》，《唐代四大類書》（北京：清華大學出版社，2003 年 11 月）影印
光緒 14 年孔廣陶校刊本。

2. 《藝文類聚》，《唐代四大類書》（北京：清華大學出版社，2003 年 11 月）影印
南宋紹興刻本，配補明胡纘宗刻本。

3. （宋）李昉等編《太平御覽》（臺北：新興書局，民 48 年（1959）1 月）複印臺
灣商務印書館影印靜嘉堂文庫藏宋刊本。

4. （明）徐元太《喻林》五十卷本，萬曆間抄本。

5. （明）徐元太《喻林》八十卷本，萬曆十七年何氏刊本。

6. （明）徐元太《喻林》（台北：新興書局，1972 年 1 月）影印萬曆四十三年刊本。

7. （明）徐元太編，（清）錢昌齡節鈔《喻林一枝》，清抄本。

8. （清）陳夢雷《古今圖書集成》（臺北：鼎文書局，民 74 年（1985）4 月再版）。

（二）筆 記

1. （宋）王楙《野客叢書》（臺北：臺灣學生書局，民 60 年（1971）5 月）影印嘉
靖 41 年王穀祥刊本。

2. （明）陸容《菽園雜記》，收錄於《叢書集成簡編》（臺北：臺北商務印書館，
民 54 年（1965））第 132 冊。

3. （明）顧炎武《日知錄集釋》（臺北：世界書局，民 61 年（1972）12 月）四版。

4. （清）錢泰吉《曝書雜記》收錄於嚴靈峰編《書目類編》（台北：成文出版社，
1978 年），第 73 冊

5. （清）王士禛《居易錄》（臺北：臺灣商務印書館，民 72 年（1983））影印《文
淵閣四庫全書》。

四、集 部

1. （唐）李匡乂《資暇集》，收錄於《叢書集成簡編》（臺北：臺灣商務印書館，
民國 54 年（1965））第 118 冊

2. （宋）秦觀《淮海後集》，（台北：世界書局，民 75 年（1986））影印《摛藻堂
四庫全書薈要》

3. （宋）秦觀《淮海後集》，收錄於《四部備要》（臺北：中華書局）

4. （明）吳伯與《素雯齋集》，明天啓刊本。

5. （明）申時行《賜閒堂集》，明萬曆丙辰（1616）申氏家刊本。

6. （明）繆國維《繆西垣先生文集》（清）康熙二十四年（1685）繆彤刊本。

7. （明）梅鼎祚《鹿裘石室集》。《續修四庫全書》影印（明）天啓三年（1623）
玄白堂刻本。

8. （明）汪道昆撰，胡益民、余國慶點校《太函集》。（合肥：黃山書社，2004 年 12 月）。

9. （明）張一桂《漱秋堂文集》，萬曆庚戌（38 年，1610）刊本。

10. （明）朱賡《朱文懿公文集》，《四庫全書存目叢書》（台南縣：莊嚴文化事業有限公司，1997 年 10 月）影印（明）天啓刻本

11. 劉勰原著，王師更生注譯《文心雕龍讀本》（台北：文史哲出版社，民 88 年（1999）9 月）。

五、研究專書

1. 葉德輝《書林清話》（瀋陽：遼寧教育出版社，1998 年 3 月）。

2. 郭伯恭《宋四大書考》（臺北：臺灣商務印書館，民國 56 年（1967）9 月臺 1 版）

3. 胡道靜《中國古代的類書》（北京：中華書局，1982 年 2 月），頁 20

4. 昌彼得、屈萬里著，潘美月增訂《圖書板本學要略》（台北：中國文化大學出版部，1986 年 10 月增訂版）。

5. 釋聖嚴《明末佛教研究》（臺北：東初出版社，民 76 年（1987）9 月）

6. 張覺明《現代雜誌編輯學》（北京：中國書籍出版社，1987 年 9 月）

7. 魯迅《集外集》（臺北：風雲時代出版公司，民國 79 年（1990）3 月）

8. 丁敏《佛教譬喻文學研究》國立政治大學中國文學研究所博士論文，民國 79 年（1990）6 月

9. 劉葉秋《類書簡說》（台北：萬卷樓圖書公司，民國 82 年（1994）1 月）。

10. 曹之《中國古籍版本學》（台北：洪葉文化事業公司，1994 年 11 月）

11. 戚志芬《中國的類書、政書和叢書》（北京：商務印書館，1996 年 12 月）。

12. 劉師兆祐《認識古籍版刻與藏書家》（台北：臺灣書店，民 86 年（1997）6 月初版）

13. 程千帆、徐有富《校讎廣義‧版本編》（濟南：齊魯書社，1998 年 4 月二版）。

14. 夏南強《類書通論——論類書的性質起源發展演變和影響》，華中師範大學歷史文化學院博士論文，2001 年 4 月

15. 裴芹《古今圖書集成研究》（北京：北京圖書館出版社，2001 年 12 月）

16. 陳信利《藝文類聚研究》輔仁大學圖書資訊學研究所碩士論文，民 91 年（2002）6 月

17. 姚名達《中國目錄學史》（上海：上海古籍出版社，2002 年 6 月）

18. 馮浩菲《中國古籍整理體式研究》（北京：高等教育出版社，2003 年 7 月）。

19. Robert J.Sternberg & Wendy M.williams《Educational Psychology》周甘逢、劉冠麟合譯《教育心理學》（台北：華騰文化公司，2004 年 7 月修訂版）

20. 徐學林《徽州文化全書──徽州刻書》（合肥：安徽人民出版社，2005 年 5 月）。

21. 趙含坤《中國類書》（石家莊：河北人民出版社，2005 年 5 月 1 版）。

六、期刊

1. 劉師兆祐〈中國類書中的文獻資料及其運用〉，《國立中央圖書館館刊》新 22 卷，第 2 期，民 78 年（1989）12 月。

2. 李守素、梁松〈試論類書的分類體系與分類技術〉《大學圖書館學報》1989 年第 5 期（45）。

3. 郜明〈中國人傳統思維方式與類書編撰〉，《上海大學學報》（社會科學版）1990 年第 6 期（29）。

4. 夏南強〈類書分類體系的發展演變〉，《華中師範大學學報》（人文社會科學版）卷 40 期 2（150）2001 年 3 月。

5. 拙著〈徐元太《喻林》及其相關問題初探〉。國立臺北大學人文學院《人文集刊》第 4 期，民國 95 年（2006）4 月。

七、工具書

1. 《明清進士題名碑錄索引》（上海：上海古籍出版社，1979 年 10 月）。

2. 王德毅《清人別名字號索引》（台北：新文豐出版社，民 74 年（1985）3 月）。

3. 楊廷福、楊同甫編《清人室名別稱字號索引（增補本）》（上海：上海古籍出版社，2001 年 12 月）。

八、電子資料

1. 中央研究院兩千年中西曆轉換系統
   http://www.sinica.edu.tw/~tdbproj/sinocal/luso.html

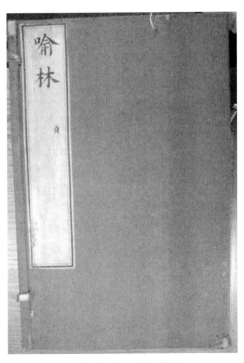

▲五十卷本《喻林》書函

▲五十卷本《喻林》裝幀

▲五十卷本《喻林》目錄

▲五十卷本《喻林》卷首

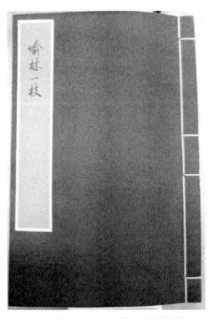

▲《喻林一枝》外觀

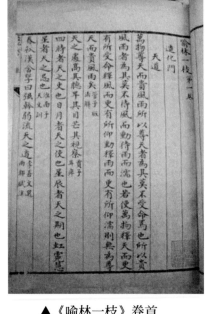

▲《喻林一枝》卷首

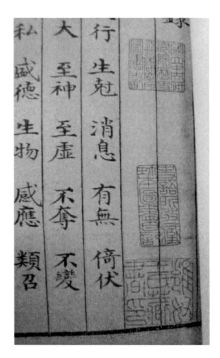

▲《喻林一枝》之鈐印

▲ 紙商之印記